FRANCISCO JOSÉ DE ALMEIDA

BEM--AVENTURADOS OS POBRES

Reflexões sobre o desprendimento

2ª edição

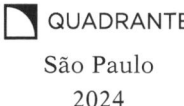

São Paulo
2024

Copyright © 2010 Quadrante Editora

Capa
Provazi Design

Dados Internacionais de Catalogação na Publicação (CIP)

Almeida, Francisco José de
 Bem-aventurados os pobres: reflexões sobre o desprendimento / Francisco José de Almeida — 2ª ed. — São Paulo: Quadrante, 2024.

 ISBN: 978-85-7465-629-8

 1. Bem-aventuranças - Meditações 2. Desprendimento - Aspectos religiosos - Cristianismo I. Título

CDD-241.4

Índice para catálogo sistemático:
1. Bem-aventuranças : Desprendimento : Meditações 241.4

Todos os direitos reservados a
QUADRANTE EDITORA
Rua Bernardo da Veiga, 47 - Tel.: 3873-2270
CEP 01252-020 - São Paulo - SP
www.quadrante.com.br / atendimento@quadrante.com.br

SUMÁRIO

DESPRENDIMENTO 5

CRISTO E O ESPÍRITO DE POBREZA 11

POBREZA AFETIVA 29

POBREZA EFETIVA 47

AS VIRTUDES DA POBREZA 71

O AROMA DA POBREZA 89

EPÍLOGO
Uma breve e indispensável palavra de despedida

Com as mesmas palavras do sacerdote na Santa Missa — "orai, irmãos e irmãs" — que nos incitam a levantar o coração a Deus, agora também somos convidados a solicitar do Senhor essa coragem necessária para vivermos decidida e integralmente com a segurança de um filho de Deus: invocar, orar, pedindo aquilo de que tanto necessitamos: a paz e a serenidade, livres de medos e ansiedades.

Essa coragem e segurança, sem temores e angústias, era a que sustentava Davi: *O Senhor é a minha luz e a minha salvação, a quem temerei? O Senhor é o protetor da minha vida, de quem terei medo? Se todo um exército acampar contra mim, não temerá o meu coração. Se se levantar contra mim a batalha, mesmo assim terei confiança* (Sl 26, 1-3).

"Era a fé de Davi — escreve Dougherty — que o encorajava a vencer o medo todas as vezes que passava pelo *vale escuro* das incertezas. Davi mostra-nos que, mesmo em situações aterradoras, tinha confiança em que Deus estava com ele. A fé de Davi suscitava uma esperança, uma certeza de vitória que espantava o medo, mesmo nas condições aparentemente mais insuportáveis.

"E como Davi conseguia ter tanta fé, tanta confiança na proteção divina?

"Através da oração constante e frequente, que se intensificava ainda mais nos momentos de angústia e aflição. No Salmo 60, fugindo dos inimigos, Davi reza suplicante: *Ouvi, ó Deus, o meu clamor, atendei a minha oração. Dos confins da terra clamo a Vós, quando me desfalece*

Direção geral
Renata Ferlin Sugai

Direção editorial
Hugo Langone

Produção editorial
Juliana Amato
Ronaldo Vasconcelos
Daniel Araújo

Capa
Provazi Design

Diagramação
Sérgio Ramalho

ESTE LIVRO ACABOU DE SE IMPRIMIR
A 24 DE MARÇO DE 2025,
EM PAPEL OFFSET 75 g/m^2.

o mandato de Cristo: *Ide e pregai a todas as nações* (Mt 28, 19).

Todas as noites deveríamos fazer um ato de entrega a Deus, deixando sair do nosso coração uma oração como esta: "Senhor, estou nas tuas mãos! Tu sabes o que é mais conveniente para mim, abandono tudo o que sou e serei à tua divina vontade. Cuida de mim... Indica-me a vereda que devo seguir e dá-me a coragem necessária para caminhar com passo seguro... Senhor, confio em ti... Maria, Mãe de Jesus e minha Mãe, não me abandones, nem de noite, nem de dia..., nem na vida, nem na morte"...

Dormiremos placidamente, sem temores, como dormíamos no regaço da nossa mãe, e nos levantaremos na manhã seguinte decididos a dar com valentia os pequenos grandes passos que nos conduzirão, dia após dia, à Pátria definitiva.

aflições. A oração é a nossa maior arma contra o medo"¹.

Sigamos o conselho de um homem de Deus: "Sê atrevido na tua oração, e o Senhor te transformará de pessimista em otimista; de tímido em audaz; de acanhado de espírito em homem de fé, em apóstolo!"²

Façamos oração com confiança e "atrevimento" de filhos. E peçamos ao Espírito Santo o *dom* da fortaleza — que compreende a virtude da valentia —, como os Apóstolos no dia de Pentecostes. Eles sentiam o medo às perseguições e o temor inibidor para empreender essa imensa tarefa de evangelização mundial que o Senhor lhes tinha confiado. Mas oravam: *Perseveravam unanimemente em oração ao lado de Maria, a mãe de Jesus* (At 1, 14). E conseguiram a coragem de que precisavam para cumprir

---

(1) E. Dougherty, "Ainda não tendes a fé?", em *Anunciamos Jesus*, out. 1992, p. 1.

(2) São Josemaría Escrivá, *Sulco*, n. 118.

o coração. Haveis de me elevar sobre um rochedo e dar-me descanso. Porque Vós sois o meu refúgio, uma torre forte contra o inimigo (Sl 60, 2-3).

"No Salmo 140, no meio da tribulação, reza: *Senhor, eu Vos chamo, vinde logo em meu socorro, escutai a minha voz quando Vos invoco. Que a minha oração suba até Vós como a fumaça do incenso* (Sl 140, 1).

"E depois da vitória sobre os inimigos, explode em louvores no belíssimo Salmo 17, cantando: *Na minha angústia, invoquei o Senhor, gritei para o meu Deus: do seu templo, Ele ouviu a minha voz e o meu clamor chegou aos seus ouvidos* (Sl 17, 7).

"Deus ama-nos a todos sem distinção. Vamos, portanto — continua a dizer Dougherty —, invocar a sua proteção, afastando assim definitivamente o medo de nossas vidas. Não deixemos de rezar confiantes como Davi, nos momentos de angústia e depressão. A fé na oração libertar-nos-á dos medos, traumas e

Diz a Escritura que é incontável o número dos insensatos. O que esta crise pôs de manifesto não foi tanto a falha dos mecanismos de controle, mas a irracionalidade a que leva o subdesenvolvimento moral, a astúcia desavergonhada dos que exploram o espírito de ganância próprio e alheio. Até que Deus, na sua misericórdia, lhes derruba pela base a pirâmide evanescente que edificaram na miragem do lucro fácil, para reconduzi-los à sensatez dos limites inerentes ao caduco.

Ou seja, as medidas meramente estruturais não resolvem nada, pois o problema de fundo, que continua presente, é pessoal. "O que vai mal no mundo?", perguntava-se Chesterton, e respondia: "Eu mesmo!"

Vai mal a minha sofreguidão de bens materiais, a vontade de ter sempre mais. Vai mal a minha ânsia de novas comodidades, de novos caprichos, de sede do supérfluo, da ostentação. Vai mal o que vai mal no coração do homem, que se instala nas coisas sem perceber que se instalou numa ponte ou numa estrada, lugares de passagem. Vai mal o meu imediatismo, que só olha para o que eu ganho agora, sem ter em conta o que perco em absoluto, na vida eterna.

Esta é a razão pela qual, hoje mais que nunca, à vista de tantos estragos que ameaçaram desequilibrar e afundar nações inteiras, se torna necessário refletir sobre os rumos a seguir, de modo a fixá-los sobre uma base que não a do chamado *neoliberalismo moral*.

Sabemos perfeitamente que não existem virtudes coletivas, mas individuais; e há uma delas concretamente que, se for autêntica, se projetará na vida social, nos valores econômicos, nas metas desenvolvimentistas, na gestão da coisa pública, nas relações internacionais. Essa virtude chama-se *desprendimento* ou *espírito de pobreza*.

Paradoxalmente, o homem e os povos só aprenderão a promover as riquezas na sua justa medida, a manejá-las e aumentá-las corretamente, se se submeterem a uma única condição: a de procurá-las não como fim, mas como meio. Todos os bens naturais devem ser postos a serviço de uma riqueza maior — a da alma feita para possuir Deus e que não se contenta com menos, propondo-se, em consequência, abandonar a pura lógica mercantilista do lucro sempre em alta.

Na recente encíclica *Caritas in veritate*, o papa Bento XVI alerta os homens de boa vontade para o que deve ser a raiz da atividade econômica: a consideração de que todo o esforço das nações e dos indivíduos por progredir materialmente deve ser norteado pela ideia do *desenvolvimento como vocação*. Os avanços tecnológicos, as relações de produção e comercialização aceleradas em nível de globalização, o movimento vertiginoso de capitais, tudo isso que em si é bom deve ter em vista o desenvolvimento *integral* do homem e propor-se como fim último o *bem comum*. O objetivo do lucro, desligado da *caridade na verdade* total do ser humano, arrisca-se a destruir riqueza e produzir pobreza em dimensões mundiais.

São muitos os campos que esse documento pormenoriza, e não vem ao caso comentá-los neste momento. Basta-nos ficar com a ideia-base, subjacente à doutrina pontifícia, de que os direitos individuais, desvinculados de um quadro de deveres, *enlouquecem* e alimentam uma espiral de exigências praticamente sem limite.

Eis por que urge aproveitar uma circunstância histórica, não tanto para discutir se ela foi uma crise ou antes uma evolução, como querem alguns entendidos, mas para refletir sobre um dado certo que aponta para a verdadeira origem da felicidade e para a verdadeira riqueza: *Bem-aventurados os pobres em espírito, porque deles é o reino dos céus* (Mt 5, 3).

CRISTO E O ESPÍRITO DE POBREZA

Falar de pobreza a profissionais que têm de ganhar a vida parece o mesmo que falar a surdos.

No entanto, quando Cristo inicia o Sermão da Montanha com o anúncio das Bem-aventuranças, coloca em primeiro lugar o espírito de pobreza. Quem eram os seus ouvintes? Não uma turba de miseráveis e esfarrapados, mas gente que vivia do trabalho do campo, da pesca ou do pequeno comércio, gente remediada. Foi entre eles que Cristo escolheu os seus Apóstolos.

Aliás, Ele próprio pertencia a esse estamento social. Durante trinta anos, vive do seu trabalho na oficina de José. Quando inicia a sua vida pública, não se veste de pele de camelo nem se alimenta de gafanhotos e mel silvestre, ao contrário do Precursor. Rodeia-se de gente simples, mas não desdenha a convivência com os abastados nem recusa os convites para almoçar em casa deles, e até se faz convidar. Conquista o coração de homens de posses como Zaqueu e Mateus. Conversa longamente com Nicodemos, membro do Sinédrio, que depois envolveria o seu corpo morto em panos aromatizados com uma valiosa mistura de mirra e aloés. Gosta de hospedar-se em casa de Lázaro, Marta e Maria em Betânia, e foi lá que, seis dias antes da sua última Páscoa, esses irmãos ofereceram uma ceia em sua honra e Maria lhe ungiu os pés com uma libra de nardo puro de grande preço. O primeiro milagre que fez foi numa festa de casamento, em Caná da Galileia, para que não viesse a faltar vinho. E quando for crucificado, lançarão sortes sobre a sua túnica, que era inconsútil, de uma só peça, e portanto de boa qualidade.

Que entendia então Cristo pela pobreza que pregava? Não pregou a indigência, nem a mendicidade, nem a irresponsabilidade da ociosidade. Na parábola dos talentos, condenou o servo que, em vez de negociar com o cabedal que recebera do seu amo, simplesmente o enterrou. E quando São Paulo se fizer eco do espírito do Mestre, dirá terminantemente: "Se há entre vós alguém que não trabalha, esse que não coma" (cf. 2 Ts 3, 10).

A pobreza que Cristo pregou foi a que Ele mesmo viveu: a pobreza escolhida *por livre opção*. Assim o vemos, desde a noite de Belém até as trevas do Calvário. Nasce num estábulo, sem nenhum sinal de riqueza, quando podia ter nascido, se não num palácio, ao menos debaixo de um teto de família remediada. Sustenta-se com o que ganha como carpinteiro (cf. Mc 6, 3). Nos anos de vida pública, percorre a pé, em viagens cansativas, os muitos quilômetros que vão e vêm da Galileia à Judeia. Passa noites ao relento, sem morada certa, e, aos que pretendem segui-lo, dir-lhes-á: *As raposas têm as sua tocas e as aves do céu os seus ninhos, mas o Filho do homem não tem onde reclinar a cabeça* (Mt 8, 20). A única vez em que se deixará aclamar pelas multidões será montado num jumento, num burro de carga. Por fim, morrerá sem ter outros bens que a roupa que trazia sobre o corpo. E será sepultado num sepulcro emprestado.

Nada disso foi por acaso ou por necessidade, mas por amor aos homens, cujas disposições interiores e fraquezas Cristo conhecia perfeitamente. Ele não viveu nem pregou a pobreza involuntária, a que é imposta pela injustiça e descaso dos homens, mas a voluntária, a que resulta de uma adesão consciente e deliberada a um estilo de vida afastado de toda a ostentação. Essa primeira Bem-aventurança não teve por fim direto condenar as injustiças sociais, mas estabelecer uma condição necessária para se alcançar a bem-aventurança eterna. Não se referia ao estado econômico dos que estão mais alto ou mais baixo na escala social, mas a uma atitude pessoal em face dos bens materiais, que, como tal, se aplica aos ricos, aos remediados e aos pobres, aos que têm uma alma que salvar, isto é, a todos nós.

Alma de ricos e alma de pobres

Essa atitude pessoal não implica que se trata de ser pobre materialmente, mas de ter espírito de pobreza; por outras palavras, de ter *alma de pobre*. E não é um simples jogo de palavras. É, sim, uma forte exigência para os que queiram seguir os passos de Cristo. O que é ter alma de pobre? Contrastemo-lo com a alma de rico.

Tem alma de rico aquele para quem o universo se reduz a ter, conseguir, reter, não perder, cuidando apenas de acumular, aumentar, comprar e gastar à vontade.

Têm alma de rico aqueles a quem o dinheiro, no dizer de Chevrot, "contenta e atormenta. Esses são incapazes de olhar para dentro, para cima e para longe. São os *satisfeitos*". A eles se aplica a advertência da parábola do lavrador que, feliz com os frutos abundantes das suas colheitas, dizia para si: *"Ó minha alma, come, bebe, regala-te...",* enquanto pensava em ampliar os seus celeiros. E diz-lhe Cristo: *"Insensato! Não sabes que esta mesma noite virão demandar a tua alma?... E o que acumulaste, para quem será?" Assim acontece ao homem que entesoura para si e não é rico para Deus* (Lc 12, 16-21).

"Que elevação moral — diz ainda Chevrot — se pode esperar de um homem dominado pelo dinheiro? O estoico Epiteto considerava tão difícil ao rico adquirir sabedoria como ao sábio adquirir riqueza [...]. Já antes do cristianismo, Platão declarava que «o ouro e a virtude são semelhantes a dois pesos colocados na mesma balança; um não pode subir sem que o outro desça»"[1].

Em contrapartida, tem alma de pobre o homem humilde que sabe que toda a sua

---

(1) Georges Chevrot, *O Sermão da Montanha*, São Paulo, Quadrante, 1988, pp. 42-43.

suficiência vem de Deus. Esse não peca pelo que se disse ser a verdadeira causa da recente crise financeira: o excesso de autoconfiança. O pobre em espírito faz seu o grito de *Caminho*: "Ó meu Deus: cada dia que passa me sinto menos seguro de mim e mais seguro de Ti"[2].

O rico é impermeável ao dom de Deus. Não tem sede de Deus porque a mata — acha que pode matá-la — com água salobra. A ele se aplica o suspiro de Cristo no diálogo com a Samaritana: *"Se conhecesses o dom de Deus, e quem é que te diz: «Dá-me de beber», certamente lhe pedirias tu mesma, e ele te daria uma água viva"* (Jo 4, 10). A alma de pobre tem sede dessa água, e toda a sua vida é recolhê-la, num processo que faz o seu seio transformar-se por sua vez em fonte de águas que saltam até a vida eterna. Na sua pobreza está a sua riqueza, porque o torna receptivo ao dom divino. Sabe que a verdadeira dimensão do seu ser

---

(2) São Josemaria Escrivá, *Caminho*, 13a. ed., Quadrante, São Paulo, 2022, n. 729.

se situa em receber o muito que Deus lhe quer dar.

A alma de pobre tem o gosto das coisas de Deus. A do rico perdeu o paladar para os bens que não passam. Não entende o grito de São Paulo: *Buscai as coisas do alto, onde Cristo está sentado à direita do Pai, saboreai as coisas do alto, não as que estão sobre a terra* (cf. Cl 3, 1-2).

Quem tem alma de rico não consegue perceber que "não há nada melhor no mundo do que estar na graça de Deus"[3]. Não consegue orar, porque tem a cabeça e a imaginação turbinadas pela ânsia de possuir e todo o seu interior dominado pelo que afaga os sentidos. Não pode saborear o corpo e o sangue de Cristo, que lhe são oferecidos diariamente na Eucaristia, pois todo o seu prazer consiste em comer e beber o que agora se ingere e em vinte e quatro horas se expele, em buscar o que brilha e se apaga. Não é capaz de amar a

---

(3) *Ibid.*, n. 286.

confissão sacramental, que lhe lava alma com o sangue de Cristo, pois o seu cuidado são os perfumes do corpo, o banho em leite de cabra, os Giorgio Armani e os Dior, os Gucci e os Chanel. Nem pode apreciar o orgulho de ser filho de Deus, se põe o seu orgulho em ter e exibir.

Assim como a febre de uns dias de gripe faz perder o paladar e o apetite, assim acontece com a febre das coisas materiais que infecta uma alma de rico, mas não desaparece passados três dias.

O caminho das riquezas ambicionadas sem medida vai endurecendo o coração. É um caminho que recorda a parábola evangélica dos vinhateiros a quem um homem arrendou a sua vinha e, no tempo da colheita, enviou um servo para trazer-lhe a parte dos frutos que lhe cabia. Os vinhateiros espancaram esse servo e despediram-no de mão vazias. O mesmo fizeram com o segundo e o terceiro servos. E quando o dono da vinha lhes mandou o seu próprio filho, na esperança de que o respeitassem, disseram: *"«Este é o herdeiro; matemo-lo para que se torne nossa a herança». E arrastaram-no para fora da vinha e mataram-no"* (Lc 20, 9-15).

Até onde pode chegar a cobiça? À surdez que insensibiliza para as sucessivas vozes da consciência e que pode levar a não olhar a meios para proteger e aumentar o que se amealhou, a considerar justificado o recurso à injustiça, à mentira, à fraude, aos falsos testemunhos, ao roubo e, quem sabe, ao esbulho da vida alheia que tem o que nos apetece.

Quantos casos desses não temos presenciado! Casos às vezes tão fúteis e por isso tão dramáticos como o do assassínio de Nabot, cuja vinha o rei Acab queria anexar, simplesmente por estar junto do seu palácio e lhe ter apetecido ampliar com ela a sua horta. Como Nabot se recusasse a ceder o que recebera em herança dos seus pais, Jezabel, a mulher do rei, arranjou maneira de que dois inescrupulosos o acusassem de ter amaldiçoado Deus e o rei. E Nabot foi levado para fora da cidade e apedrejado até à morte.

E Acab entrou na posse da vinha (cf. 1 Rs 21, 1-16).

A pobreza que Deus quer de mim

Quando se fala de pobreza radical, a primeira ideia que ocorre é a da pobreza vivida e pregada por São Francisco de Assis.

Ora, despojar-se de tudo para seguir um estilo de vida mendicante como o do *Poverello* é merecedor de toda a admiração naqueles que receberam de Deus essa vocação excepcional; no entanto, revela-se impraticável para o simples cristão, que, como dissemos acima, necessita de bens materiais para ter e assegurar aos seus uma vida digna e que tem o dever de contribuir para o progresso da sociedade à qual pertence, criando riqueza com o seu trabalho.

Cristo, como já vimos, não pediu o espírito de pobreza a alguns poucos eleitos, mas a todos os que quisessem segui-lo.

Não era um sonhador e os seus ouvintes não pertenciam a uma elite. Segui-lo na pobreza devia ser, pois, algo acessível a todos eles, pois todos eram chamados a possuir o Reino dos céus. Essa primeira Bem-aventurança anunciada por Cristo era uma condição tão necessária para todos como as demais — exatamente como a mansidão, a pureza de coração, o espírito de paz, a misericórdia... Nenhum mortal devia pensar que, como Deus não lhe pede que deixe tudo, essa virtude não é para ele.

Se desde os primeiros tempos do cristianismo essa condição foi entendida como nota distintiva da vocação cristã, coube sobretudo aos nossos tempos explicitá-la para os simples fiéis.

Fazendo-se eco fiel do Evangelho, em que Jesus resumia o programa da sua missão citando Isaías: *"O Espírito do Senhor está sobre mim, porque me ungiu e me enviou para evangelizar os pobres"* (Is 61, 1 e segs.; Lc 4, 16-21), o Concílio Vaticano II, depois de recordar que "todos os fiéis cristãos são convidados e mesmo obrigados a procurar a santidade e a perfeição do seu próprio estado", exorta:

> "Vigiem todos, pois, para ordenar retamente os seus afetos, não seja que, no uso das coisas deste mundo e no apego às riquezas, encontrem um obstáculo que os afaste, contra o espírito de pobreza evangélica, da busca da perfeita caridade, segundo o aviso do Apóstolo: *Os que usam dos bens deste mundo não se detenham neles, porque os atrativos deste mundo passam*"[4].

Essa advertência, corroborada pela doutrina dos Santos Padres e por toda a espiritualidade da Igreja ao longo de vinte séculos, e seguida em outros documentos conciliares por abundantes diretrizes sobre os bens que o espírito de pobreza traz consigo, teve desde 1928 um acento muito

---

(4) Concílio Vaticano II, Const. *Lumen Gentium*, n. 42.

forte na doutrina que São Josemaria Escrivá difundiu, dirigida aos cristãos correntes. Já desde a primeira obra que publicou, em 1939 — *Caminho* —, o Fundador do Opus Dei foi perfilando os traços de uma espiritualidade laical, e, nessa obra e nas que se lhe seguiram, ouvimos um apelo constante a viver a pobreza evangélica como elemento essencial do seguimento de Cristo na vida diária. A modo de síntese dessa ideia-mestra, vale a pena transcrever aqui o que ele declarou numa entrevista à imprensa concedida em 1968:

"Quem não amar e viver a virtude da pobreza não tem o espírito de Cristo. E isto é válido para todos: tanto para o anacoreta que se retira para o deserto, como para o simples cristão que vive no meio da sociedade humana, usando dos recursos deste mundo ou carecendo de muitos deles [...].

"Fazendo-me eco de uma expressão do profeta Isaías — *discite benefacere* (1, 17) —, tenho gosto em afirmar que *é preciso aprender a viver toda e qualquer virtude*, e talvez a pobreza muito especialmente. É necessário aprender a vivê-la para que não fique reduzida a um ideal sobre o qual se pode escrever muito, mas que ninguém realiza seriamente. É preciso fazer ver que a pobreza é um convite dirigido pelo Senhor a cada cristão e que, por conseguinte, é um chamado concreto, que deve moldar toda a vida da humanidade.

"Pobreza não é miséria, e muito menos sujidade. Em primeiro lugar, porque o que define o cristão não são primordialmente as condições exteriores da sua existência, mas a atitude do seu coração. Mais ainda: porque a pobreza não se define pela simples renúncia; e aqui nos aproximamos de um ponto muito importante, do qual depende uma reta compreensão da vocação laical [...].

"Todo o cristão corrente tem de tornar compatíveis na sua vida dois aspectos que, à primeira vista, podem parecer contraditórios: *pobreza real*, que se note e se toque — feita de coisas concretas —, que seja uma profissão de fé em Deus, uma manifestação de que o coração não se satisfaz com coisas criadas, mas aspira ao Criador, desejando encher-se do amor de Deus e depois dar a todos desse mesmo amor; e, ao mesmo tempo, *ser mais um entre os seus irmãos os homens*, de cuja vida participa, com quem se alegra, com quem colabora, amando o mundo e todas as coisas criadas, a fim de resolver os problemas da vida humana e estabelecer o ambiente espiritual e material que facilite o desenvolvimento das pessoas e das comunidades.

"Conseguir a síntese entre esses dois aspectos é — em boa parte — questão pessoal, de vida interior, para julgar em cada momento, para encontrar em cada caso o que Deus pede"[5].

---

(5) São Josemaria Escrivá, *Entrevistas com Mons. Josemaria Escrivá*, 5a. ed., Quadrante, São Paulo, 2024, n. 110.

Conduzidos muito de perto por esta doutrina bem concreta, vejamos essas duas vertentes que o cristão deve ter em conta no seu esforço por imitar Cristo que, *sendo rico, se fez pobre por vós, a fim de vos enriquecer pela sua pobreza* (2 Cor 8, 9): por um lado, a pobreza *efetiva*, "real"; por outro, a pobreza *afetiva*, interior, que liberta o coração dos laços dos bens temporais para abri-lo aos bens do espírito.

POBREZA AFETIVA

Líamos acima: "O que define o cristão não são, primordialmente, as condições exteriores da sua existência, mas *a atitude do seu coração*".

A virtude cristã da pobreza não se prende com ter mais ou menos bens, mas com o desapego afetivo do que se possui, seja muito ou pouco: "Não consiste a verdadeira pobreza em não ter, mas em estar desprendido [...]. Por isso há pobres que realmente são ricos. E vice-versa"[1]. Em *Amigos de Deus*, São Josemaria Escrivá conta um episódio muito expressivo a este respeito:

"Há muitos anos — mais de vinte e cinco —, costumava eu visitar um

---

(1) São Josemaria Escrivá, *Caminho*, n. 632.

refeitório de caridade, para mendigos que em cada dia tinham por único alimento a comida que lhes davam. Tratava-se de um local grande, atendido por um grupo de boas senhoras. Certa vez, depois da primeira distribuição, apareceram outros mendigos para ficar com as sobras e, entre os deste segundo grupo, chamou-me a atenção um que era proprietário de uma colher de estanho! Tirava-a do bolso com todo o cuidado, com cobiça, olhava para ela com deleite e, ao acabar de saborear a sua ração, voltava a olhar a colher com uns olhos que gritavam: É minha! Dava-lhe duas lambidelas para limpá-la e guardava-a de novo, todo satisfeito, entre as dobras dos seus andrajos. Efetivamente, era dele! Um pobrezinho miserável que, entre aquela gente companheira de desventura, se considerava rico!

"Conhecia eu por aquela época uma senhora com um título nobiliárquico: era Grande de Espanha. Diante de Deus, isso não conta nada: todos somos iguais, todos filhos de Adão e Eva, criaturas débeis, capazes — se o Senhor nos abandona — dos piores crimes. [...] A pessoa de que agora vos falo residia num solar, mas não gastava consigo nem quatro tostões por dia. Em contrapartida, retribuía muito bem ao seu serviço, e o resto, destinava-o a ajudar os mendigos, passando ela mesmo por todo o gênero de privações. Não faltavam a essa mulher muitos desses bens que tantos ambicionam, mas ela era pessoalmente pobre, muito mortificada, desprendida por completo de tudo. Entendestes-me?"[2]

A pobreza que Cristo prega não é, pois, uma acusação aos que têm muito e uma exaltação dos que não têm o suficiente. O que pede é que, quer possuamos muito ou pouco, tenhamos um coração livre para

---

(2) São Josemaria Escrivá, *Amigos de Deus*, 5a. ed., Quadrante, São Paulo, 2023, n. 123.

abrir-se aos valores do espírito, para "saborear as coisas que são do alto", para, a partir daí, sermos sensíveis aos ditames da justiça e da caridade nas suas múltiplas manifestações. Por isso diz Santo Ambrósio: "Nem todos os pobres são bem-aventurados, pois a pobreza em si é indiferente; pode haver pobres bons e maus"[3]. Como também pode haver ricos maus e ricos bons.

Neste sentido, importa muito examinarmos a que coisas se prende o nosso coração, para onde se inclinam os nossos afetos. Dentre os diversos campos que poderíamos analisar, vejamos alguns.

Pureza de intenção no trabalho profissional

Por que trabalhamos? Já vimos as razões óbvias: trabalhamos porque nos é necessário para garantir os meios de subsistência para nós e para a família;

---

(3) Santo Ambrósio de Milão, *Tratado sobre o Evangelho de São Lucas*.

trabalhamos porque contribuímos para o progresso da sociedade de que fazemos parte, trabalhamos porque essa é a nossa vocação profissional e gostamos do que fazemos etc.

Mas o problema se põe quando no trabalho vemos sobretudo um meio de enriquecer além de toda a medida, de ter mais, de gozar mais, de subir na vida levados pela ambição de riqueza, por vaidade, por autoafirmação da personalidade, por inveja do que os outros têm e nós não, por amor à fama. O espírito de pobreza pede duas coisas:

— A primeira é que trabalhemos *honestamente*. Tem alma de rico um ladrão, um falsário, um trambiqueiro, ou um pedinte que vive de esmolas — do que alguém chamou "bolsa-esquina" —, quando podia trabalhar. Mas tem alma de rico um empresário que pague mal aos seus operários, que faça concorrência desleal, que difame ou minta para impor o seu produto no mercado. Como tem alma de rico um empregado que não se esmere na sua tarefa, contentando-se com o mínimo para não ser despedido. Em qualquer classe, alta, média ou baixa, pode haver almas de rico.

— A segunda condição é que trabalhemos de modo a não sacrificar valores mais altos. Não teria alma de pobre um profissional cuja dedicação fosse em detrimento da atenção à família, do devido descanso próprio e dos familiares, de uns momentos para ler um bom livro (uma pesquisa recente concluía que, em média, no Brasil lemos um livro por ano!), assistir a um programa cultural ou musical de nível etc. E sobretudo denotaria alma de rico quem visse uma incompatibilidade entre a dedicação ao trabalho e uns momentos diários para orar, para instruir-se espiritualmente e, em consequência, estar apto a cuidar da educação religiosa dos filhos... De tudo isto falaremos mais adiante.

Não ter nada como próprio

É incrível a capacidade que temos para nos aferrarmos às coisas de uso pessoal.

Não é preciso ter muitas coisas para estar apegado a elas. Já vimos o caso do mendigo e a sua colher de estanho. Pode ser a esferográfica, o chaveiro, os óculos de sol... Se por acaso não sabemos onde os pusemos, que drama até encontrá-los! Pode ser determinado terno, ou camisa, ou gravata... Se por algum acidente ou descuido se tornam inservíveis, que desgosto!

São Francisco de Sales dizia que podemos avaliar até que ponto estamos apegados às coisas pela aflição que experimentamos quando as perdemos. Pode ser o cachorrinho de estimação: quantos anúncios aflitivos nos postes do bairro pedindo, por favor, que telefonem se o viram...; e se morre, sofre-se quase tanto como se se tivesse perdido um ente querido... Enfim, que corações tão sensíveis, mas às vezes insensíveis às necessidades do próximo mais próximo, de um filho que precisa de ajuda nos estudos, de um parente que carece de uma palavra de compreensão e consolo!

Mas, voltando aos objetos materiais, temos de usá-los sem abusar deles. Devem ser utilizados, não maltratados. Devem ser substituídos por se terem gasto pelo uso, não pelo mau uso ou por nos termos cansado deles. Devem ser tratados de tal modo que durem. "Quanto amor de Deus pode haver nuns sapatos velhos bem engraxados!", dizia alguém. E o mesmo se pode dizer da roupa: com que cuidado a dobramos antes de nos deitarmos? Não será que a jogamos de qualquer modo? Ou somos dos que dizem, quando nos chamam a atenção para o nosso desmazelo: "A roupa para mim, não eu para a roupa"? Como anda a ordem no nosso armário?

São ninharias, dir-se-á, mas por elas se vê se nos sentimos ou não donos das coisas. As coisas de uso pessoal têm, sim, voz para gritar-nos: "Não me maltrate". É a voz do espírito de pobreza.

Numa biografia de São Josemaria Escrivá[4], contam-se dezenas de detalhes sobre o modo como o Fundador do Opus Dei

---

(4) Cf. Pilar Urbano, *O homem de Villa Tevere*, Quadrante, São Paulo, 2017.

se servia das coisas sem nenhum espírito de posse:

— não trazia consigo a caneta, mas deixava-a no escritório como peça que "pertencia" a esse lugar de trabalho; e se tinha de escrever alguma coisa fora de lá — uma nota, uma dedicatória, uma ideia que lhe ocorria —, tinha de pedir uma emprestada;
— não sublinhava os livros, para que outros pudessem desfrutar deles sem constranger-se;
— abria e fechava as portas com a delicadeza com que o faria se estivesse em casa alheia;
— tinha na sua mesa de trabalho uma caixa verde onde guardava pequenos pedaços retangulares de papel: eram recortes de envelopes das cartas que recebia; utilizava-os para tomar notas, redigir uma frase que depois empregaria na sua pregação ou nos seus escritos. Um dia, chegou a comentar: "Sim, aproveito bem o papel; escrevo pela frente e por trás..., e não o faço nas quinas porque não posso";

— tinha duas batinas, uma de uso habitual, velha mas bem conservada e limpa, que usou durante vinte anos, dia após dia; e outra de melhor tecido para fazer ou receber visitas; houve dias em que o viram trocar várias vezes a que usava por ter de receber pessoas a diferentes horas;

— era rigoroso no uso do tempo, porque não se sentia dono dele. Escreveu que o tempo é mais do que ouro: é glória de Deus. Extremamente ordenado, passava de uma ocupação para outra sem pausas, persuadido de que no cumprimento estrito do dever está o cumprimento amoroso da vontade de Deus. Espremia as horas de sessenta minutos e os minutos de sessenta segundos, persuadido de que o tempo era um dom do qual um dia teria de prestar contas.

Não se trata de seguirmos literalmente esses exemplos, mas não valerá a pena repensar os nossos hábitos e ver o que há neles dos descuidos próprios de quem esquece que, tendo, *não possui*? É o carro que, se o usássemos como se fosse emprestado, não precisaria ser trocado todos os anos. É uma torneira mal fechada, uma luz que se deixa acesa sem necessidade, um conserto que se adia, uma impontualidade que muitas vezes significa apropriar-se do tempo dos outros fazendo-os esperar... E mil coisas mais da vida diária que, sem gestos clamorosos de pobretice, nos fazem sentir administradores das coisas que usamos. Por elas, seguimos o exemplo de Cristo que, após o portentoso milagre da multiplicação dos pães, mandou recolher as sobras para que não se desperdiçassem, combinando magnanimidade e austeridade.

Santo Agostinho — diz Georges Chevrot[5] — considerava que "não se prender àquilo que se possui é mais digno de admiração do que nada possuir". Esse desprendimento pode exigir que deixemos de usar um objeto supérfluo de que gostamos demais ou mesmo que o entreguemos a

---

(5) Cit. em *O Sermão da Montanha*, p. 53.

quem possa dispor dele em benefício de outros: o relógio, que substituiremos por outro menos vistoso; o "carrão", comprado quando pensávamos que o nosso status o pedia e — dando-nos conta, humilhados, de que era o carro que nos dava o status e não ao contrário —, o trocamos por outro absolutamente comum, que nos protege da presunção dos ricos...

"Sei de alguém — escreveu São Josemaria Escrivá na homilia sobre o desprendimento antes citada[6] — que, para marcar os livros, usava uns papéis em que escrevia umas jaculatórias que o ajudassem a manter a presença de Deus. E entrou-lhe o desejo de conservar com carinho aquele tesouro, até que percebeu que se estava apegando a uns papeluchos de nada. Que belo modelo de virtude! Não me importaria de vos manifestar todas as minhas misérias, se vos servissem para alguma

---

(6) São Josemaria Escrivá, *Amigos de Deus*, n. 125.

coisa. Levantei um pouco o véu porque talvez contigo se passe outro tanto: os teus livros, a tua roupa, a tua mesa, os teus... ídolos de quinquilharia".

Aceitação das privações

Característico de quem tem alma de pobre é que não se lamenta quando lhe falta o necessário.

Aliás, o conceito do necessário é elástico: "Não o esqueças: tem mais aquele que precisa de menos. Não cries necessidades"[7]. Certa vez — conta São Josemaria Escrivá —, umas damas de sociedade, impecavelmente agasalhadas em pleno inverno, viram na rua um menino esfarrapado e, aproximando-se dele, perguntaram-lhe condoídas: "Pobre menino, você não tem frio?" O rapazinho respondeu-lhes com outra pergunta, bem desconcertante: "As senhoras têm frio na cara? Não? Pois para mim tudo é cara".

---

(7) São Josemaria Escrivá, *Caminho*, n. 630.

De que precisa um homem? Evidentemente — repetimos —, daquilo que lhe garanta um teto, comida e roupa, para ele e para a família, daquilo que lhe permita educar os filhos e assegurar-lhes um futuro igual ou melhor que o seu, ter certa folga econômica para os utensílios domésticos e o conforto do lar, para o descanso semanal e as férias anuais, para proteger-se dos percalços da saúde, para ter no dia de amanhã uma velhice digna... Cometeria uma irresponsabilidade grave — seria tentar a Deus — um chefe de família que se acomodasse profissionalmente e não se esforçasse por ter uns rendimentos que atendessem a tudo isso.

Hoje, porém, nas sociedades industrializadas, desemboca-se na propaganda frenética que faz de tudo para convencer as pessoas a comprar mais, isto é, para convencê-las de que há mais coisas de que têm necessidade.

Uma alma de pobre não se deixa seduzir por essa espiral consumista. Tem um senso equilibrado do que precisa e do que não precisa, e permanece imune à avalanche dos anúncios de página inteira, às oportunidades imperdíveis, à miragem dos investimentos "seguros" que disfarçam mal a ganância. É uma pessoa objetiva, porque não tem o coração dominado pela necessidade compulsiva de possuir do bom e do melhor, de não ser superado pelos parentes ou colegas de trabalho em comodidades, em chácaras e em casas na praia, em férias na Disneylândia ou nas ilhas gregas. Não o dominam a ambição, nem a rivalidade, nem a inveja, nem o amor ao luxo, ao que brilha.

Mas essa alma de pobre vai mais longe e alegra-se se alguma vez lhe falta o necessário. Se um homem responsável procura que não falte nada de essencial à família, ele pessoalmente sente-se feliz de usar roupas ainda em bom estado — se bem que não de acordo com a última moda; já reparamos que o que saiu de moda volta em pouco tempo a estar novamente de moda? —, de adiar a compra de um agasalho, de levar os sapatos ao sapateiro para que lhe ponha meias-solas, de dar sobrevida a um cinto, à carteira, aos óculos de armação que não são o último grito, muito mais ao carro do modelo de cinco anos atrás que ainda funciona muito bem...

Com esse mesmo espírito, não deixa de encontrar ocasiões de pôr em prática este conselho: "Não tens espírito de pobreza se, podendo escolher de modo que a escolha passe despercebida, não escolhes para ti o pior"[8]. São ocasiões corriqueiras, como a de um almoço de negócios em que examinamos o cardápio sofisticado e escolhemos... um comuníssimo contrafilé com fritas; ou como a da sobremesa em casa, em que nos servimos da fruta que nos agrada menos que uma outra. Contam as biografias do papa Bento XVI que, quando prefeito da Congregação para a Doutrina da Fé, depois de atender as personalidades eclesiásticas ou do mundo da cultura

---

(8) *Ibid.*, n. 635.

que o procuravam, as convidava para um restaurante bom e lhes recomendava algum prato da especialidade da casa. Feita a escolha, dizia ao maître: "Para mim, o de costume".

É um esforço por disfarçar os gostos em tantas coisas, por não dá-los a conhecer ou até por "enganar" os que convivem conosco. Um amigo meu conservava da meninice a lembrança da sua mãe que, à mesa, repartia pelo marido e pelos filhos o pescado e ela ficava com a cabeça do peixe. Deixou neles a impressão de que era disso que gostava.

Numa palavra, alma de pobre é a de quem dá a razão a este outro ponto de *Caminho*: "Não és menos feliz por te faltar do que se te sobrasse"[9].

---

(9) *Ibid.*, n. 770.

POBREZA EFETIVA

A atitude de desprendimento que acabamos de ver, a pobreza afetiva, conduz como pedra de contraste à pobreza efetiva.

Não se trata, já o vimos, de passar necessidade, mas o ideal não deve ser ter e consumir bens em escala crescente. Um homem que viva no *problema* do ter acaba por fechar-se ao *mistério* do ser, diz Pilar Urbano. E São Josemaria Escrivá aconselha: "Se és homem de Deus, põe em desprezar as riquezas o mesmo empenho que põem os homens do mundo em possuí-las"[1].

Se Jesus Cristo não viveu na extrema pobreza, se não fugiu de relacionar-se com

---

(1) *Ibid.*, n. 633.

homens ricos, não há dúvida, por outro lado, de que nos deixou o exemplo de uma vida austera e teve predileção pelos que não vivem na opulência. Para encarnar-se, já o vimos, podia ter escolhido um lar da classe dos príncipes ou dos sacerdotes, o que além disso lhe facilitaria ser ouvido e seguido na mensagem divina que trazia, mas quis nascer no seio de uma família que vivia do trabalho. Viria a fazer milagres, mas nenhum em proveito próprio. As suas curas foram quase todas em benefício de gente simples, cegos, paralíticos, leprosos enjeitados... E morrerá tendo por companheiros de suplício dois ladrões.

É bem certo que Deus criou o homem à sua imagem e semelhança para que reinasse *sobre as aves do céu, sobre os animais domésticos e sobre toda a terra*. E abençoou o homem e a mulher dizendo--lhes: *Frutificai e multiplicai-vos, enchei a terra e submetei-a* (Gn 1, 26.28). Por desígnio divino, o homem foi, pois, criado para dominar o universo, para obter novas energias e novas riquezas. Todo o progresso que a ciência e a técnica oferecem ao homem e às sociedades foi previsto e querido por Deus como algo bom: *E Deus contemplou toda a sua obra e viu que tudo era muito bom* (Gn 1, 31). Deus abençoou os bens da terra.

Mas será que entrou em contradição consigo mesmo quando, na pessoa do seu Filho, chamou bem-aventurados aos que têm alma de pobres? Acontece que todo esse progresso fez o homem trabalhar contra o progresso *humano*, na medida em que o fez esquecer que os bens do progresso eram meios para levá-lo a reconhecer a supremacia de Deus, e só a Ele amar e servir, e nEle aos demais homens. O progresso da ciência e da técnica, que "já não se pode fazer parar" (Luis de Broglie), não se fez acompanhar do *progresso da consciência*, que não pode fazer parar — antes deve robustecer — a fé em Deus, o desenvolvimento da virtude e a prática da caridade[2].

---

(2) Cf. Georges Chevrot, *O Sermão da Montanha*, p. 31.

O problema não está, pois, em trabalhar bem, com competência e denodo, com espírito de iniciativa, desenvolvendo todas as capacidades, o que traz como consequência natural que a pessoa se enriquece e, com ela, a sociedade. O problema está em ter uma intenção reta no trabalho e, como contraprova dessa retidão de intenção, em submeter-se a uns limites bem definidos: *até onde* posso ir? Não é uma pergunta sem resposta possível, antes pelo contrário.

O desejo de bens materiais e os fins do homem

A primeira resposta é que a posse dos bens materiais, como meio que é, deve favorecer e não comprometer os fins humanos e espirituais para que o homem foi criado. Esse é o primeiro limite ou, melhor, a primeira orientação.

Para começar, não são poucos os casos em que a dedicação à tarefa profissional vai em claro prejuízo da atenção devida ao bem da família. Muitas vezes se ouvem protestos como estes: "O meu marido trabalha como um burro para que não nos falte nada a mim e aos nossos filhos, mas não tem tempo nem disposição para ser uma *presença* na nossa vida familiar"; ou: "Papai não nos nega nada do que lhe pedimos, mas não arranja tempo para estar conosco, para se distrair conosco, para podermos contar-lhe as nossas coisas ou pedir-lhe conselho. Preferiríamos que trabalhasse menos, que ganhasse menos, mas estivesse mais conosco".

Quando é que um executivo, um profissional liberal, um diretor de empresa vai aperceber-se de que, regressando tarde a casa, cansado ou com a cabeça presa aos seus assuntos profissionais, está sacrificando o fim aos meios? Quando verá que, se não tira a mulher das lides domésticas para dar com ela um passeio, ou irem os dois a um cinema ou um teatro, só gera nela insatisfação e, a médio prazo, uma frustração que pode degenerar em coisas piores, em queixa, em frieza nas relações mútuas? Ou quando compreenderá que esgotou no trabalho as suas reservas de afeto, alegria, bom humor e paciência para acompanhar as brincadeiras dos filhos, os seus estudos, os seus problemas de relacionamento na escola? Quando poderá sentar-se para conversar tranquilamente com a esposa sobre a vida do lar, a escola dos filhos, as vicissitudes que nunca faltam em qualquer família, os planos relativos ao futuro ou simplesmente um programa atraente para o próximo fim de semana?

Mas mais grave que essa falta de tempo material ou mental para a família é o esquecimento do tempo que Deus pede para Ele. Diz o Cura d'Ars que Deus nos deu seis dias da semana para trabalharmos e reservou para si apenas o sétimo. Ficamos contentes com os seis. Por que lhe recusamos o sétimo?

Esse último dia da semana que pertence ao Senhor é, porém, sinal de algo mais: é sinal de que os dias anteriores se encaminhavam para Ele, iam desaguar nEle, tinham-no a Ele por coroamento. Indica, pois, para onde se devem orientar o nosso trabalho e os nossos esforços: imprimem uma finalidade e um estilo aos nossos afãs.

Um homem que se contentasse com observar o preceito dominical — oxalá o fizesse sempre! — e durante a semana se esquecesse de Deus, das bem-aventuranças por Ele proclamadas, esse homem teria uma vida dupla, seria um hipócrita. Essa é a razão da afirmação taxativa do Senhor: *Ninguém pode servir a dois senhores, porque ou há de odiar um e amar o outro, ou há de afeiçoar-se ao primeiro e desprezar o segundo. Não podeis servir a Deus e a Mamon*, o deus da riqueza (Mt 6, 24).

Mamon era um ídolo ao qual alguns dos povos que rodeavam Israel prestavam culto. Ora, servir era, nos tempos bíblicos, sinônimo de exclusividade. Por isso, ou se servia a Deus e se desprezavam as riquezas, ou se serviam as riquezas e se desprezava a Deus.

Não é outra a razão pela qual um homem instalado no afã de enriquecer não consegue ter Deus presente nas suas ocupações. Não é capaz de fazer do seu trabalho veículo para reconhecer e proclamar as grandezas de Deus, não é capaz de tornar compatíveis as muitas horas de trabalho com uns momentos diários para, antes ou depois do trabalho, passar por uma igreja, ou ler um trecho do Evangelho e de algum livro espiritual, ou fazer uns minutos de oração em colóquio íntimo com Deus, o único amigo que jamais atraiçoa e que está mais interessado do que nós nas nossas coisas. Ou ainda para conversar com um colega de trabalho que ele vê infeliz e insatisfeito numa vida sem a dimensão da fé?

Tudo isto nos devia fazer pensar no rumo que damos à nossa existência, se a fechamos ao horizonte infinito que se abre à alma dos que se sabem filhos de Deus, por Ele muito amados. Não seremos homens que emparedaram a sua alma nos muros asfixiantes dos muitos afazeres e neles encontraram o substitutivo de Deus?

Não ter supérfluos

Aqui está outro limite bem claro para o enriquecimento sem limites.

Estamos cansados de ver noticiadas nos jornais as festas que dão os que vivem na opulência: festas de aniversário, de casamento, de debutantes. É a indústria do luxo, o exibicionismo que ganha expressões risíveis até nos funerais. Vale a pena transcrever trechos de um mordaz artigo de uns meses atrás:

> "Gosto de funerais por motivos essencialmente cênicos: qualquer funeral é incomparavelmente melhor do que todas as peças da Broadway a que assisti. As marcações são perfeitas. Os figurantes não desiludem. O ator principal não tem caprichos de estrela e, mesmo deitado, cumpre o papel na perfeição. [...]
>
> "Eu sei. Eu vi. Eu toquei. Junto às urnas de três cavalheiros, passei revista às gravatas. Duas de lã. Uma de

seda. Impossível conter a emoção. Alguns dos presentes aproximaram-se de mim, procurando consolar o meu pranto. «É seda!», murmurava eu, incrédulo. «Não é cedo, não; é a vida!», diziam eles, com um sorriso de compaixão [...].

"Os desfiles da eternidade. Com fotos dos modelos. Descrições apuradas das coleções. Comparação de tendências nos funerais outono / inverno e primavera / verão. E de vez em quando um prêmio especial para o defunto mais elegante do bairro"[3].

E vale a pena ainda citar trechos de um artigo-reportagem sobre os preparativos da festa que uma senhora da sociedade daria para comemorar os quinze anos da sua filha. Por razões óbvias, omitimos o nome da protagonista e da filha.

---

(3) João Pereira Coutinho, em *Folha de São Paulo*, 04.08.2009.

"«Vai ser uma coisa diferenciada», disse a senhora. «Já faz dois meses que cuido da organização. São mais de trinta fornecedores. O cerimonial vai ficar com a Marina Bandeira, que fez casamentos dos Safra e dos Klabin. [....] As rosas serão colombianas. As máscaras serão feitas pela Gigi, que cuida dos principais destaques do Carnaval aqui em São Paulo. Eu sou destaque há dez anos».

Contou que a celebração seria para trezentos convidados e contaria com um quarteto de cordas de músicos da Orquestra Sinfônica do Estado de São Paulo e uma acrobata do Cirque du Soleil. Prosseguiu: «Eu te falei dos convites? São todos vermelhos, feitos pela Chris Armentano. [...] E o bufê é do França. Minha filha estuda com a neta do França. Vou servir caviar, trufa, carrê de cordeiro».

A senhora usa bolsa e pasta Louis Vuitton «desde pequena», diz ela. «Meu avô me dava porque era boa e resistente». Costuma vestir-se com roupas monocromáticas — de preferência com o nome da grife aparecendo —, combinando com um dos seus 560 pares de sapatos.

Aos 51 anos, acumula três casamentos e três divórcios. «Sou ótima para cuidar de casa, mas não tenho paciência com maridos», explicou. Mora com a filha em um apartamento de quatro quartos em Higienópolis. Na decoração, destacam-se uma onça de pelúcia, miniaturas de Buda, oito tapetes persas, dois quadros de Di Cavalcanti, um de Lasar Segall e um de Portinari. Além da filha, o apartamento é habitado por três cachorras tamanho PP: a maltês Taylan («flor de pessegueiro», em mandarim), e as yorkshire Meylin («viver em harmonia», na mesma língua) e Belinha. As três têm direito a banheiro e armário próprio [...]. Tomam banho às terças, em casa, e aos sábados no Encrequinha's Pet Shop. Quando as leva para passear, a senhora costuma vestir casaco Prada sport, jaqueta Versace ou, em dias mais quentes, um conjunto de Juicy Couture. «Não é porque é Prada, é que a roupa me cai bem», justificou. Em dias de chuva, as três cadelas passeiam em uma espécie de carrinho para bebê — só que feito exclusivamente para caninos —, de forma a não sujar os pés"[4].

Depois deste inciso caricaturesco que nos deve ter divertido, resta perguntar o que isso tem a ver conosco, que não gostamos de extravagâncias. *Quem está sem culpa jogue a primeira pedra* (Jo 8, 7), diz-nos o Senhor no Evangelho. Não haverá em nós uma ponta de tudo isso? E se não há, não será apenas porque não podemos? Há quem se sinta inferiorizado por nunca ter almoçado no Máximo, onde alguns têm mesa cativa, por não usar

---

(4) Roberto Kaz, em Revista *Piauí*, set 2009.

camisas com grife, por não passear pela Avenida Europa nas tardes de domingo com a sua Mercedes esportiva ou a sua Harley-Davidson turbinada, unicamente para ser visto. "E por aí vai...", como dizia a senhora.

E dentro dos limites do que podemos, não teremos de reconhecer os pequenos luxos a que de vez em quando nos damos "por exceção"? Ou até fora dos nossos limites? Dizia alguém que "status é comprar uma coisa que você não quer com um dinheiro que você não tem para mostrar a gente de quem você não gosta uma pessoa que você não é".

E o nosso gosto por colecionar? Mais um terno ou vestido, mais uma blusa, mais um tênis, tudo sob pressão da propaganda (este tênis ventila melhor os pés, aquele ali absorve melhor o impacto), sem descansar até poder assinar com uma Montblanc ou responder a quem nos pergunta as horas metendo-lhe pelos olhos um Rolex.

As tentações estão à vista. Por exemplo, as liquidações. Sabemos que é um truque de que se vale o comércio para que se compre o desnecessário. Contava um conhecido meu que a esposa lhe telefonou do shopping pedindo-lhe que a fosse buscar porque tinha esquecido as chaves dentro do carro. "Mas não se apresse", disse-lhe. Era um período de liquidações, após as gastanças do Natal. Lembrando-se de que a mulher tinha com ela o cartão de crédito — que na época começava a difundir-se —, o marido não pensou duas vezes: saiu do escritório em disparada para apagar o incêndio antes de que fosse tarde.

O dinheiro que nos sobra

Santo Agostinho diz que se possuem coisas alheias quando se possui o supérfluo e que o supérfluo é o necessário dos pobres. Os supérfluos, mesmo que em ponto pequeno, são o cemitério do espírito de pobreza; e o coveiro, o nosso espírito de exibição e fatuidade. O que fazer?

Lemos em *Caminho*:

"«*Divitiae, si affluant, nolite cor apponere*». — Se vierem às tuas mãos as riquezas, não queiras pôr nelas o teu coração. — Anima-te a empregá-las generosamente. E, se for preciso heroicamente"[5].

É verdade que devemos ter uma certa folga nos recursos de que dispomos. É verdade que constitui um dever pensar em provisões para as eventualidades. Mas daí a amealhar indefinidamente lembra a atitude do homem que foi à farmácia pedir um remédio para mordida de tartaruga. "— Mas foi mordido?", perguntou-lhe o farmacêutico. "— Não. É que a tartaruga vem vindo". Não façamos do justo e necessário espírito de previsão um álibi para a avareza.

Nos dias que correm, é fácil convencermo-nos de que não temos recursos de

---

(5) São Josemaria Escrivá, *Caminho*, n. 636.

sobra. Precisamos de tudo o que ganhamos e precisaríamos de mais. Ora o espírito de pobreza traz consigo *a disposição de compartilhar*. Porque sempre haverá à nossa volta quem seja mais pobre que nós, quem precise de pão para não morrer de fome e não possa esperar que eu faça os meus cálculos para ver se me sobra algo com que ajudá-lo.

"Quando me sobrar", dizemos. Mas quando nos vai sobrar? O *Catecismo da Igreja Católica* recorda as vigorosas palavras de São João Crisóstomo: "Não fazer os pobres participar dos bens próprios é *roubá-los* e tirar-lhes a vida. Os bens que aferrolhamos não são nossos, mas deles". E São Gregório Magno: "Quando damos aos pobres as coisas indispensáveis, não lhes fazemos generosidades pessoais; apenas lhes restituímos o que lhes pertence"[6].

Certa pessoa comprometera-se em época de vacas gordas a dar uma contribuição

---

(6) Cf. *Catecismo da Igreja Católica*, n. 2446.

mensal significativa para uma obra de caridade. A roda da fortuna girou e ela ficou numa situação de aperto, mas manteve o seu compromisso. Dizia: "Antes dava do que me sobrava. Agora sou feliz porque dou do que não me sobra".

É preciso aprender a dar. É uma questão de sensibilidade que o seguimento de Cristo aguça. O pecado do rico epulão na parábola do Evangelho resultou sobretudo de que ele *não viu* Lázaro à porta da sua casa. É preciso abrir os olhos, ganhar consciência, mover e educar o coração, instilando nele os sentimentos de Cristo, que, para alimentar os que o seguiam, fez e repetiu o milagre da multiplicação dos pães.

No caos que se seguiu à segunda Guerra mundial, um monge premonstratense holandês, o pe. Werenfried van Straten, fundou uma obra intitulada "Ajuda à Igreja necessitada", que a partir da década de 40 mobilizou e vem mobilizando recursos vultosos para ir em socorro dos pobres, dos oprimidos, dos exilados, num vasto leque de iniciativas. Eis como o pe. Straten descreveu num livro a sua vocação:

"O essencial da minha vocação não é a distribuição de toicinho para os alemães que foram expulsos, ou de pequenos automóveis para os «sacerdotes com a mochila às costas», ou a construção de emissoras de rádio a serviço dos analfabetos nos países em vias de desenvolvimento, ou a edição de livros para a propaganda por trás da Cortina de Ferro, ou as capelas-escola no Vietnã, ou os pacotes para os condenados a trabalhos forçados na Sibéria. O essencial da minha vocação é *secar as lágrimas de Deus em todos os lugares em que Ele chora*.

"Deus não chora nos céus, onde habita numa luz inacessível e onde goza eternamente de uma felicidade infinita. Deus chora na terra. As lágrimas deslizam ininterruptamente pelo rosto divino de Jesus, que, mesmo sendo um com o Pai celestial, aqui na terra sobrevive e sofre. As lágrimas dos pobres são as suas lágrimas, porque Ele quis identificar-se totalmente com eles. E as lágrimas de Cristo são lágrimas de Deus.

"Deste modo, Deus chora em todos os aflitos, em todos os que sofrem, em todos os que choram no nosso tempo. Não podemos amá-los se não lhes enxugamos as lágrimas. Por isso comecei a minha peregrinação através dos desertos de escombros e dos campos de barracões da Alemanha derrotada, através dos territórios de prófugos da Europa e da Ásia, através das repúblicas populares comunistas, através da cristã-feudal América Latina e de todos os países e continentes em que Deus chora.

"Alguma coisa desta minha peregrinação ficou plasmada neste livro. Escrevi-o para todos aqueles que me ajudaram a enxugar as lágrimas de Deus"[7].

---

(7) Werenfried van Straaten, *Wo Gott weint*, Georg Bitter, Recklinghausen, 1969.

Mas Deus chora ainda outras lágrimas. Chora pelos que não choram a situação de pecado em que se encontram, pelos que se endureceram no mal.

Um pecador é alguém que vive num estado de pobreza mais aflitiva que a dos bens materiais. Entre tantas outras razões porque, se há pobreza no mundo, deve-se em boa parte aos que tiraram os olhos de Deus e os fixaram unicamente nos bens materiais. Neles está a injustiça que levou o Apóstolo São Tiago a escrever estas palavras duras:

> *Vós, ricos, chorai e gemei por causa das desgraças que virão sobre vós. As vossas riquezas apodreceram e as vossas roupas foram comidas pela traça. O vosso ouro e a vossa prata enferrujaram--se e a sua ferrugem dará testemunho contra vós e devorará as vossas carnes como fogo [...]. Tendes vivido em delícias e dissoluções sobre a terra, fartos como o animal que se engorda para o dia da matança* (Tg 5, 1-5).

E no Apocalipse, o Apóstolo São João insiste:

> *Dizes: "Sou rico, faço bons negócios, de nada necessito"* — *e não sabes que és infeliz, miserável, pobre, cego e nu. Aconselho-te que compres de mim ouro provado no fogo, para ficares rico; roupas alvas para te vestires, a fim de que não apareça a vergonha da tua nudez; e um colírio para ungir os olhos, de modo que possas ver claro* (Ap 3, 17-18).

É a miséria da alma que estabelece a sua morada no que passa. E que muitas vezes se faz acompanhar dessas outras misérias que são a luxúria, a soberba, o ódio, a inveja, a preguiça, a gula... É um nível de pobreza mais lancinante que a do corpo. E Cristo, que veio salvar — e não condenar — os pecadores, quer que contribuamos para cobrir essa nudez.

E, além do pecado, há ainda outra pobreza, que é a ignorância: a ignorância a respeito de Deus, da redenção que se operou com a encarnação do Verbo, da Igreja, dos sacramentos, do vínculo de fraternidade que nos liga aos nossos semelhantes. É uma ignorância que não se dá apenas entre o povo mais simples, mas entre os intelectuais, os empresários, os que estudam e os que ensinam, os dirigentes. Com quanta razão se disse que a ignorância é pior que o pecado, porque é fonte de pecados: repercute em toda a sociedade, numa cadeia que contamina e se multiplica. E também urge contribuir para que diminua.

A par das obras de misericórdia corporal, sabemo-lo pelo catecismo, existem as obras de misericórdia espiritual, dentre as quais se destacam precisamente *admoestar os pecadores* e *ensinar os que erram*. Há instituições, movimentos, grupos de voluntários que trabalham nesses dois campos. Duas perguntas se impõem: dou a algum deles uma parte do meu tempo? E se as minhas ocupações não me permitem fazê--lo, ajudo economicamente alguma dessas iniciativas, esperançadas em reduzir uma pobreza que impressiona menos que a pobreza material, mas tem efeitos tão ou mais devastadores? Um exemplo entre dezenas dessa ajuda:

> "Livros. — Estendi a mão como um pobrezinho de Cristo, e pedi livros. Livros!, que são alimento para a inteligência católica, apostólica e romana de muitos jovens universitários.
>
> "— Estendi a mão, como um pobrezinho de Cristo..., e sofri cada decepção!
>
> "— Por que será que não entendem, Jesus, a profunda caridade cristã dessa esmola, mais eficaz do que dar pão de bom trigo?"[8]

---

(8) Josemaria Escrivá, *Caminho*, n. 467.

AS VIRTUDES
DA POBREZA

De tantas virtudes que caracterizam o espírito de pobreza, há duas que poderíamos pôr agora em destaque: a humildade e a esperança.

A humildade e a confiança em Deus

Nos livros do Antigo Testamento, a palavra "pobre" ultrapassa o sentido material para associá-la à humildade. Os *anawim* são os humildes. Assim, neste oráculo de Isaías:

> *Deus julgará os pobres com justiça.*
> *Ele se declarará com retidão*
> *a favor dos humildes do país* (Is 11, 4)

E no Salmo 69, 33-34:

Ó vós, humildes, olhai e alegrai-vos, vós que buscais a Deus, reanime-se o vosso coração.
Porque o Senhor ouve os pobres.

E em Sofonias, 3-12:

Deixarei no meio de ti um povo humilde e pobre que porá a sua confiança no Senhor.

Essa equiparação entre os pobres e os humildes encontra-se também logo no começo do Evangelho de São Lucas, no hino do *Magnificat*, em que Maria louva o Senhor porque *exaltou os humildes, encheu de bens os famintos e, aos ricos, despediu-os sem nada* (Lc 1, 52-53). Este hino é uma ponte entre o Antigo e o Novo Testamento e enlaça-se também com a mensagem do Sermão da Montanha: *Bem-aventurados os pobres em espírito,* isto é, os que o são pela disposição do coração. E, mais adiante, lemos a advertência de Jesus: *Não ajunteis tesouros na terra [..]. Porque onde está o teu tesouro, lá também está o teu coração* (Mt 6, 19).

Diz São Francisco de Sales: "A prosperidade tem atrativos que encantam os sentidos e adormecem o coração; muda-nos sem o percebermos, de sorte que nos afeiçoamos aos bens, esquecendo o Benfeitor"[1].

Ao transferir o eixo da sua vida de Deus para os bens materiais, uma alma de rico passa imperceptivelmente a girar à volta de si mesma. É por isso que homens assim caem com frequência na autossuficiência, na presunção e, por fim, na prepotência: caem na soberba e *Deus resiste aos soberbos*. Ainda no *Magnificat* lemos que o Senhor *dispersou os que se elevavam no seu próprio conceito*.

A virtude da humildade é a base de todas as virtudes; sem ela, nenhuma virtude

---

(1) Em Vital Lehodey, *Le saint abandon*, Gabalda, Paris, 1942, pp. 177.

é virtude. Por isso se pôde escrever que a fé é a "humildade da razão", a obediência a "humildade da vontade", a castidade a "humildade da carne" etc.[2]

São virtudes — como as demais — que se abrem ao humilde e se fecham ao orgulhoso. Quando perguntaram a São Francisco de Sales quando é que tinha encontrado Deus, respondeu: "Encontrei Deus quando me deixei a mim mesmo; e sempre que me encontrei a mim mesmo, perdi Deus".

Um soberbo com alma de rico só se encontra a si mesmo porque só tem olhos para o que possui e para o que pode possuir mais, ou, se não o possui, só sonha com possuí-lo. Essa alma não pode fazer sua a oração do Pai-nosso: *O pão nosso de cada dia nos daí hoje*. Já o tem, sem Deus. Ou só o quer ter, sem Deus. Uma alma humilde, mesmo que tenha bens, sabe-se "administrador deles por um curto espaço", e tanto na riqueza como na pobreza vive

---

(2) Cf. Josemaria Escrivá, *Sulco*, 4a. ed., Quadrante, São Paulo, 2016, n. 259.

na perspectiva da Providência divina e a ela se abandona: *Olhai as aves do céu: não semeiam nem ceifam, nem recolhem nos celeiros, e o vosso Pai celeste as alimenta. Não valeis vós muito mais que elas?* (Mt 6, 26). Essas almas confiantes encontram-se mais facilmente entre os que amam a pobreza. São sempre felizes, tenham pouco ou muito. Tiraríamos muito proveito se meditássemos devagar no famoso *Diálogo do teólogo e do mendigo*, de Tauler:

"Um teólogo suplicou a Deus durante oito anos que o fizesse conhecer um homem que lhe mostrasse o caminho da verdade. Certo dia, em que ardia nesse desejo, ouviu uma voz do céu que lhe dizia: «Sai e vai em direção à igreja, e encontrarás o homem que te ensinará o caminho da verdade». Saiu, pois, e encontrou um mendigo com os pés descalços e cobertos de lama, trazendo sobre si umas pobres roupas que não valiam três óbolos. Cumprimentou-o dizendo-lhe:

"— Deus lhe conceda um bom dia.

"Respondeu-lhe o mendigo:

"— Não me lembro de ter tido um dia mau.

"— Deus o faça feliz, continuou o mestre.

"— Nunca fui infeliz, disse o pobre.

"— Deus o abençoe — retorquiu o teólogo —, mas explique-se, porque não entendo o que me diz.

"— Com muito gosto. O senhor desejou-me um bom dia, e eu respondi-lhe que não me lembro de ter tido um só dia mau. Com efeito, quando a fome me atormenta, louvo a Deus; se sofro frio, granizo, quer caia neve ou chova, tanto no bom como no mau tempo, louvo a Deus; quando passo necessidade, também louvo a Deus, e por isso não há dia mau para mim. O senhor desejou-me também uma vida feliz e ditosa, e eu respondi-lhe que nunca fui infeliz, e é verdade, porque aprendi a viver com Deus e estou persuadido de que o que Ele faz não pode ser senão muito bom. Daí que tudo quanto recebo de Deus e Ele permite que me venha dos outros, seja na prosperidade ou na adversidade, olho-o como uma verdadeira fortuna e aceito-o da sua mão com alegria.

"— Mas, diga-me, se Deus o quisesse precipitar no fundo do abismo?

"— Precipitar-me no abismo? Se Deus chegasse a esse extremo, tenho dois braços para abraçar-me a Ele fortemente: com o esquerdo, que é a verdadeira humildade, procuraria a sua Santíssima Humanidade e a ela me abraçaria; com o direito, que é o amor, agarrar-me-ia à sua Divindade e a apertaria estreitamente, de tal sorte que, se Ele quisesse lançar-me no inferno, seria preciso que viesse comigo, e, quanto a mim, mais quereria estar no inferno com Ele do que no céu sem Ele.

"Com isso, o teólogo entendeu que a verdadeira aceitação unida a uma profunda humildade é o caminho mais curto para ir para Deus.

"— De onde você vem?, perguntou ainda o teólogo.

"— Venho de Deus.

"— E onde o encontrou?

"— Encontrei-o onde deixei as coisas criadas.

"— E quem é você?

"— Eu sou rei.

"— Onde está o seu reino?

"— Na minha alma, porque aprendi a governar os meus sentidos interiores e exteriores; e este reino vale mais que todos os da terra.

"Tal foi a conversa do teólogo com o mendigo, que, pela sua humildade e total conformidade da sua vontade com a de Deus, era mais rico na sua pobreza que os monarcas, e mais feliz nos seus sofrimentos que aqueles para quem a felicidade está nos elementos e na natureza inteira"[3].

---

(3) Vital Lehodey, *Le saint abandon*, pp. 535-537.

É difícil imaginar semelhantes respostas numa alma orgulhosa dos seus muitos bens e que neles faz consistir toda a sua segurança. Viver na absoluta dependência de Deus, como o fizeram todos os santos e o fazem todos os que desejam a santidade, só é possível a quem retira os olhos e as forças de si mesmo, da sua excelência e dos seus bens, para os colocar em Deus, que nunca falha quando tudo o mais pode falhar: *Fazei para vós bolsas que não se gastam, um tesouro inesgotável no céu, aonde não chega o ladrão, onde a traça não o destrói* (Lc 12, 33).

A esperança cristã

Dois homens de muita idade que residiam num mesmo edifício, sem ninguém da família por perto, afeiçoaram-se um ao outro. Conversavam, conviviam, saíam às compras juntos, subiam as escadas esperando um pelo outro, para recuperarem o fôlego. Um certo dia, um deles adiantou-se a atravessar a rua, foi atropelado e morreu.

E o amigo que continuou a viver mergulhou num doloroso sentimento de desconcerto e desamparo. É um conto de Salmon Rushdie, que termina com a reflexão de que "Para Deus o tempo é eterno". Para Deus... e para os que se situam nEle.

Para um cristão que viva em Deus, o tempo transmuda-se em eternidade. Passa os seus dias sempre ocupado, mas projeta em tudo o que faz o selo da eternidade. Está persuadido, como escrevia repetidamente o então cardeal Ratzinger, de que todos os nossos atos são *penúltimos*: o último será o juízo de Deus, que dará a esses atos a sua feição, peso e valor definitivos. Por isso dizia também São Francisco de Sales que "devemos viver neste mundo como se tivéssemos o espírito no céu e o corpo no sepulcro". A esse viver "como se tivéssemos o espírito no céu" chama-se esperança.

Na sua encíclica *Spe salvi* — fomos salvos na esperança —, Bento XVI expõe amplamente o que essa virtude teologal supõe para os que têm fé. Começa por mencionar a Epístola de São Paulo dirigida aos Efésios, na qual o Apóstolo lhes lembra que, antes do seu encontro com Cristo, estavam *sem esperança e sem Deus no mundo* (Ef 2, 12) e, consequentemente, achavam-se num mundo tenebroso, perante um futuro obscuro; mas que agora não devem entristecer-se "como os outros que não têm esperança".

"Aparece aqui como elemento distintivo dos cristãos — diz o Papa — o fato de estes terem um futuro: [...] sabem em termos gerais que a sua vida não acaba no vazio. Somente quando o futuro é certo como realidade positiva, é que se torna visível também o presente. Sendo assim, podemos dizer agora: o cristianismo não era apenas uma «boa nova», ou seja, uma comunicação de conteúdos até então ignorados. Em linguagem atual, dir-se-ia: a mensagem cristã não era só «informativa», mas «performativa». Isso significa que o Evangelho não é apenas uma comunicação de realidades que se podem saber, mas uma comunicação que gera fatos e muda a vida. A porta tenebrosa do tempo, do futuro, foi escancarada. Quem tem esperança vive diversamente; foi-lhe dada uma vida nova"[4].

E um pouco mais adiante o Papa reitera:

"O fato de este futuro existir muda o presente; o presente é tocado pela realidade futura, e assim as coisas futuras derramam-se nas presentes e as presentes nas futuras"[5].

Um cristão de alma pobre não só antevê o céu, mas já o tem de algum modo: já o possui e reflete no seu agir.

Antes de mais, sabe "possuir como se não possuísse" (cf. 1 Cor 7, 29-31). Vive desprendido do que tem, desfaz-se do que

---

(4) Bento XVI, Carta Encíclica *Spe salvi*, 30.11.07, n. 2.

(5) *Ibid.*, n. 7.

possui a mais porque sabe que "não descem com o rico ao sepulcro as suas riquezas"[6] e quer ser achado *leve de bagagem* na derradeira travessia, como dizem graficamente os versos de Antonio Machado:

> *E quando chegar o dia da última viagem,*
> *e estiver de partida a nave que nunca há de tornar,*
> *encontrar-me-eis a bordo, leve de bagagem,*
> *quase desnudo, como os filhos do mar*[7].

Na esperança dos bens eternos encontramos a justa perspectiva para avaliar os bens que passam, ainda que os possuamos. Sabemos que *nada de nada terá valido a pena* se, com o mau uso desses bens, comprometermos o fim último para o qual os possuímos.

---

(6) São Josemaria Escrivá, *Caminho*, n. 634.

(7) Antonio Machado, "Retrato", em *Obras completas*, 1917, p. 101.

Por outro lado, a alma de pobre esforça-se por obter aquilo de que precisa, mas sem angústia nem sofreguidão. E quando chega um momento de infortúnio, mais doloroso para quem já se habituara a um nível de vida confortável, não se desespera. Faz suas as palavras de São Paulo: *Sei viver na escassez e sei viver na abundância [...]. Tudo posso nAquele que me conforta* (Fl 4, 12-13). Ou as de Jó: *"O Senhor deu, o Senhor tirou. Louvado seja o nome do Senhor"* (Jb 1, 21).

Os autores de espiritualidade chamam a isso "a santa indiferença".

Consolar-se, ser forte na escassez, louvar a Deus nas desgraças *tanto como* na abundância, são atitudes viris que procedem da esperança de um Deus que nos assegura: *Pode uma mulher esquecer-se daquele que amamenta, não experimentar ternura pelo fruto de suas entranhas? E mesmo que ela o esquecesse, eu não me esquecerei de ti* (Is 49, 15).

Outra atitude vital que resulta da esperança é o amor ao trabalho e aos sacrifícios que supõe. "Não amas a pobreza se não amas o que a pobreza traz consigo"[8]. Depois de ter perdido por culpa própria a facilidade e o bem-estar do paraíso do Éden, o homem passou a ter de trabalhar com esforço: *"Comerás o teu pão com o suor do teu rosto"* (Gn 3, 19).

Entre alguns dos primeiros cristãos, espalhou-se a ideia de que, como o seu fim era o céu e estava próximo, não tinham por que preocupar-se com ganhar a vida. E, como vimos, São Paulo foi extremamente severo com os que assim pensavam: *"Quem não quiser trabalhar, que não coma"* (2 Ts 3, 10).

Um homem de esperança é alguém que trabalha com a consciência da finalidade *última* pela qual trabalha. E quanto mais pensa nessa finalidade, maior é o seu afinco em dedicar-se ao trabalho, em fazer dele uma obra perfeita, digna desse Deus que o

---

(8) São Josemaria Escrivá, *Caminho*, n. 637.

espera. "Tirai ao homem a esperança de chegar, e nem sairá de casa", costuma-se dizer.

A esperança do fim a alcançar, a "esperança-fé" de que fala o papa Bento XVI, traduz-se num acicate *atual* — mais poderoso que o da paixão pelas riquezas — para que o homem conceba o seu trabalho como vocação *divina*, um chamado de Deus que lhe pede esforço em aprimorar a sua competência profissional, em esmerar-se no cumprimento dos seus deveres, sem fingir que trabalha, porque trabalha por um Deus — um "patrão", no dizer de Santa Josefina Bakhita, que fora escrava no Sudão — e o vê a cada instante. Esse homem traz a eternidade para o tempo, converte a esperança em *presença*. Mantém-se ao longo das muitas horas de trabalho na presença de Deus, que o anima a prosseguir e não desistir, de modo a alcançar uma qualidade que não há recompensa humana que pague.

Não é, pois, a esperança um convite à apatia, ao desinteresse, à falta de entusiasmo, de "empreendedorismo" como se diz hoje, antes pelo contrário. A alma de pobre, desapegada de tudo, quanto mais põe toda a sua confiança em Deus, mais se agarra ao trabalho de cada dia, que é onde traz o céu para a terra, num encontro permanente com Deus, tal como será no céu. *Bem-aventurados os pobres em espírito, porque deles é o reino dos céus*. O Senhor não diz que esse reino *será*, mas que *é* — já agora.

As almas de rico estreitam terrivelmente o seu ângulo de visão. Para elas, o real é somente o que tocam, o que usufruem ou desejam ansiosamente. Quantos deles há que se sentem frustrados, não só quando não conseguem possuir as coisas que desejam, mas também quando, após conseguirem possuí-las, veem que afinal não mereciam o esforço. Uma alma de pobre, no que toca e possui, vê uma dimensão escondida que lhe dá "o relevo, o peso e o volume"[9]. Por essa dimensão,

---

(9) *Ibid.*, n. 279.

todo o esforço, todo o sacrifício, toda a perseverança — venham ou não venham os frutos — *valeu a pena*.

O AROMA DA POBREZA

O espírito de pobreza desprende um aroma suave de eternidade, de céu na terra. Reflete-se em toda a conduta.

Uma alma de pobre, que vive austeramente sem alarde, mas que é rigorosa consigo mesma, essa alma exala o "bom odor de Cristo" (cf. Ef 5, 2), que, *sendo rico, se fez pobre por amor de nós* (2 Cor 8, 9). Atrai como Jesus Cristo — a quem segue bem de perto — atraiu e continuará sempre a atrair.

Atrai 1) pela liberdade de que goza, 2) pela maravilha do lar que constitui, 3) pelo exemplo que dá no seu meio profissional, 4) pela magnanimidade e generosidade que derrama. Vejamos estes aspectos brevemente.

A liberdade da alma pobre

Olhai as aves o céu, que não semeiam nem ceifam, nem recolhem nos celeiros, e o vosso Pai celeste as alimenta (Mt 6, 26, 29).

Não é possível sonhar com maior liberdade que a das aves que cruzam o céu azul. É dela que gozam os que têm alma de pobres, enquanto um rico vive enredado nos seus negócios, cálculos e obsessões. O fim da pobreza é libertar-nos para o amor, e o amor por sua vez liberta-nos de tudo fora dele. Não existe homem mais livre do que aquele que ama. Para ele, todo o desprendimento, toda a renúncia, todo o sacrifício não são cadeia que escraviza, mas asas para correr mais ligeiro para a posse do bem que ama. Na pobreza, corre-se para Deus. Na riqueza, fica-se enleado na pesada rede que arrasta para baixo e, nessa medida, impede de voar e esmaga.

Paradoxalmente, porém, a liberdade de que goza um homem com alma de pobre não o impede de apreciar as coisas boas da vida. Precisamente porque não põe o coração nelas, está em condições de saboreá-las quando dispõe delas, ao passo que um rico se enfastia:

"A diferença entre um homem com espírito de pobreza e aquele que se asfixia na riqueza é esta: o primeiro não se preocupa em possuir coisas, mas, se estas lhe são dadas, desfruta-as realmente; o segundo pensa que tem de possuí-las, mas não desfruta delas, porque lhe falta liberdade para tanto. Por exemplo, sente-se desgraçado se não consegue um lugar no avião que pretendia tomar, mas, se o consegue, senta-se e lê o jornal sem ter sequer um olhar para o sol, para as nuvens ou para a terra. [...] Aborrece-se com as coisas. O homem com espírito de pobreza, pelo contrário, diverte-se muito quando viaja de avião, encontra nisso uma oportunidade de louvar a magnificência de Deus nas suas obras, mas sentir-se-ia igualmente feliz se os aviões não existissem. Por outras palavras, as coisas não são essenciais para a sua felicidade, mas, quando as tem, aprecia-as".

Se formos desses homens, veremos que,

> "reconhecendo o domínio de Deus sobre as coisas, teremos exclamações de gratidão por tudo o que Ele nos dá. A vida se tornará para nós um ciclo contínuo de amor e satisfação. Daremos a Deus livremente aquilo que Ele nos deu com liberdade. Reconheceremos o que as coisas têm de bom e veremos como é justo referi-las a Deus. Um copo de vinho, um doce de morangos, uma casa ou uma cadeira, são coisas maravilhosas; chegaremos então a compreender que o são, não por as possuirmos, mas, porque, à vista de Deus, são boas"[1].

---

(1) Dorothy Dohen, *Vocação de amor*, Quadrante, São Paulo, s.d., pp. 41-42.

Por isso, uma alma de pobre — a quem, no dizer de Santa Teresa de Jesus, "só Deus basta" — só sabe agradecer o que tem. Está livre de quaisquer sentimentos de comparação, do espírito de inveja que amargura tanta gente, da insatisfação que tira a paz. Não lhe despertam nenhum interesse ou avidez as coisas que São Josemaria Escrivá chamava graficamente "os arreios" — as galas e brocados, a ostentação, as gloríolas — em que se enrascam os "mundanos". A sua única ambição é ter uma liberdade de movimentos que nunca venha a perder, mesmo quando chega a hora de carregar galhardamente a Cruz de Cristo, na qual está "a nossa salvação, vida e ressurreição" — o resumo de todos os nossos tesouros.

Nos começos do século VII, os persas saquearam Jerusalém e apoderaram-se das relíquias da Santa Cruz. Quando um pouco mais tarde o imperador Heráclio conseguiu recuperá-las, quis carregar pessoalmente o santo Madeiro até o seu primitivo lugar no Calvário. Ia vestido das insígnias reais, e conta uma piedosa tradição que, à medida que avançava à frente da procissão, o peso do santo lenho se lhe foi tornando insuportável. Então Zacarias, o bispo de Jerusalém, fê-lo ver que, para levar aos ombros a Santa Cruz, deveria desfazer-se das insígnias imperiais, imitando a pobreza e a humildade de Cristo, que tinha carregado o santo lenho despojado de tudo. Heráclio vestiu então umas humildes vestes de peregrino, e, descalço, pôde levar a Santa Cruz até o cimo do Calvário[2].

E o cimo do Calvário é o lugar que está mais próximo da eterna liberdade do céu.

A pobreza no ambiente do lar

O aroma da pobreza pessoal difunde-se em *três círculos concêntricos*, cada vez mais amplos: a família, o ambiente profissional e a sociedade de que fazemos parte.

O espírito de pobreza contagia a família que constituímos. Não se trata de impor a

---

(2) Cf. Francisco Carvajal, *Falar com Deus*, volume VII, 4a. ed., Quadrante, São Paulo, 2023, p. 121.

ninguém uma virtude que é, primordialmente, pessoal. Mas como transcende!

Por muito que um pai ou mãe de família ganhem, se nem por isso gastam mais do que precisam, se não se derramam em supérfluos, os filhos aprendem a viver sem caprichos, a não pedir aos pais que lhes comprem o último modelo de tênis, ou a bolsa Hermès, ou o celular que permite acompanhar on-line o programa de tv do seu ídolo, ou a tv no quarto — o cemitério da vida em família —, ou tantas coisas mais que veem nos seus colegas ou na roda de amiguinhos. É muito difícil esconder dos filhos a abundância de recursos se, na convivência em família, veem que os seus pais só sabem falar de trocar de carro cada ano ou de ir esquiar na Suíça. É muito difícil nesse caso dizer *não* a uma criança que berra no shoping: "Eu quero! Eu quero!" e não arreda pé da vitrine[3].

---

(3) De um documentário recente intitulado *Criança, a alma do negócio* (Produção Marcos Nisti, Direção Estela Renner, Maria Farinha Produções, São Paulo,

A escritora e comentarista de tv norte-americana Betsy Hart, no seu livro *It Takes*

2008, 49 min., color., som) a propósito do consumismo que se vem fomentando nas crianças e nos adolescentes, além da pressão dos colegas na escola, da compulsão de não ficar atrás deles, extraímos algumas declarações e comentários (entrecortados, não literais) muito reveladores:

— "Por que [a mídia] se dirige à criança? Por que fala uma linguagem infantil? Porque hoje se sabe que 80% da influência de compra dentro de casa vem das crianças. A maior dificuldade que os pais talvez tenham é que conversam com as crianças num sábado, num domingo, num dia à noite, ao passo que a publicidade conversa com elas todos os dias.

"O conteúdo comunicacional, para as crianças, não é racional, é emotivo. Trata de desejos que não são reais; foram implantados nelas. E então você tem aquele ciclo de uma criança que se volta inteiramente para o consumo. E ela consome, consome, consome. Está naquele circuito atrás de algo que os objetos não vão dar: o afeto, a relação de amizade, de companherismo.

"— Por que as crianças são todas iguais?

"— Pelo consumo. Nunca houve uma padronização como a que existe hoje. É só você ver as pessoas andando. Todas com fone ao ouvido, como se o Presidente da República fosse telefonar naquele instante. Tudo muito globalizado. Em qualquer lugar aonde você vá, é tudo praticamente igual. Se você vai a uma cidade tipo Roma, Paris, tem de olhar para cima para descobrir *a Parent* ("Precisa-se de um pai")[4], fala justamente da coragem necessária para que os

---

que é Roma ou Paris. Se olhar no seu nível, vai ver as mesmas coisas que encontra no Rio de Janeiro ou em Belo Horizonte.

"[Uma criança] — Eu gostaria de trabalhar na Disney, ser a rainha do mundo. Eu queria ter dinheiro.

"[Outra] — Eu queria nunca morrer e ter o mundo para mim.

"[Outra] — Eu queria gastar dinheiro em roupa, sandálias, sapatinhos...

"Há uma indústria bilionária — diz uma professora — que bombardeia a cabeça dos filhos dizendo-lhes: Peçam aos pais, queiram isto, queiram aquilo...

"— É como pôr as crianças contra os pais. Esse estímulo desenfreado acaba por fazê-las ver sempre os pais como vilões.

"O que esses pais não percebem é que esses filhos só conseguirão desenvolver-se no contato com a realidade e, portanto, no contato com o «não», com o «não dá», com o «não pode».

"[Professora] — Aqui está escrito comprar e aqui brincar. Que você escolhe?

"— Ninguém gosta de brincar...

"[Mãe] — Às vezes, eu digo: não, não, não! Ela: deixa, deixa, deixa! E infelizmente acabo vencida pelo cansaço. Diria que a Ana Carolina é uma criança extremamente consumista. Não muito nem pouco: extremamente consumista.

(4) Betsy Hart, *It Takes a Parent*, G.P.Putnam's Sons, Nova York, 2005.

pais não digam sempre que sim às solicitações dos filhos. Isto porque estamos numa época em que o *não* é considerado uma palavra feia e importa encontrar para ele "alternativas positivas e criativas quando houver que estabelecer limites": "Dê opções, não ordens". Será que, por esse caminho, se facilita ou, pelo contrário, se dificulta aquilo a que a autora chama "a missão de resgate do coração do meu filho"?

Pais que só buscam comprazer-se estarão inclinados a comprazer em tudo os seus filhos. Dizer-lhes *não* dá calafrios. E desse modo os despreparam para a vida.

> "Não nos referimos só ao adolescente que recebe um BMW quando faz dezoito anos, ou à menina que leva as suas amigas para irem de compras como loucas para festejar os seus treze anos. [...] Mesmo os jovens de classe média recebem demasiadas coisas. Brinquedos, aparelhos eletrônicos, celulares... Mas hoje começa-se a perceber que a prodigalidade gera

egoísmo, a sensação de que se está oferecendo ao menino a vida em bandeja de prata e a presunção de que tudo lhe é devido. Começa-se a ouvir, mesmo no quadro da cultura da permissividade, que negar a um filho um bem material de que não precisa pode ser benéfico e terapeuticamente positivo. [...]

"Permitir aos filhos, mesmo aos mais pequenos, que experimentem a adversidade ou o descontentamento, ou contrariar os seus desejos, não só proporciona mais tranquilidade e cansa menos, como além disso os faz desenvolver a riqueza que o ser humano possui e prepara-os um pouquinho para o que os espera [...]. Treina o filho para viver num mundo de regras, a maioria das quais foram criadas por alguém que não é ele. E muitas delas se resumem em: *não*.

"Pensem em duas crianças: uma aprende cedo a respeitar o «não», porque vê que os pais também o fazem consigo próprios. Vê que é algo bom, que protege corpo e alma, ainda que nem sempre seja agradável. A outra criança rara vez ouviu um «não», e, quando lho disseram, estava tão disfarçado que era praticamente irreconhecível. Esta última pode chegar a pensar, quando crescer, que o «não» é injusto, uma violação dos seus direitos. Qual dessas crianças sentirá mais alegria de viver?"[5]

Diz Chevrot que "Péguy fazia remontar a decadência do mundo moderno ao dia em que os pais começaram a recompensar os seus filhos estudantes abrindo-lhes uma caderneta de poupança. Substituíram a mola do dever pela do interesse. «É a caderneta de poupança — escrevia — que se opõe diametralmente aos Evangelhos [...]. Não é ela a própria base da instituição familiar? Não! É a primeira cunha metida no seu tronco; é o símbolo e o manual e o

---

(5) *Ibid.*, pp. 130-1.

primeiro instrumento do entorpecimento, do amortecimento, da dessecação da família e da raça"[6].

Se a situação econômica dos pais é de prosperidade, que não cometam a loucura de satisfazer as veleidades dos filhos, que os ensinem a viver sobriamente porque eles próprios põem em prática o critério também dado por São Josemaria Escrivá: *não gastar o que não gastaria um pai de família numerosa e pobre*. E que os ensinem a ser generosos. Como aquele pai de família que, à saída da igreja, fazia os filhos darem uma boa esmola aos pedintes, acompanhando o gesto com um "muito obrigado". Porque a esmola faz mais bem a quem a dá do que a quem a recebe. A este aproveita materialmente; a quem a dá, espiritualmente.

Se os pais passam por privações, é bom que os filhos o percebam, porque assim veem materializado o valor cristão da

---

(6) Georges Chevrot, *O Sermão da Montanha*, p. 45.

pobreza. Mons. Escrivá, que incutiu nos leigos essa virtude aparentemente reservada aos claustros dos religiosos, agradecia a Deus os anos de aperto econômico por que passou o seu pai, porque senão, dizia, "não teria sabido o que é a pobreza".

O exemplo no meio profissional

O espírito laical de pobreza, que não é pobretice, é um bom testemunho do espírito cristão no ambiente profissional. São mil os detalhes em que um cristão pode viver, sem espalhafato, o seu amor à pobreza, desde o modo de apresentar-se, com todo o decoro e bom gosto, mas sem nada de chamativo, até os temas de conversa, que não hão de cair obsessivamente em subir na carreira, em ganhar mais, ter mais, comprar mais, nos requintes culinários, nas férias sofisticadas... Um cristão de alma pobre não inveja ninguém, não se sente inferiorizado diante de ninguém, não quer competir em luxo e ostentação com pessoas cujo padrão de vida muitas vezes esconde uma terrível miséria moral e infelicidade.

Sirva de exemplo da compatibilidade do espírito de pobreza com as exigências da posição profissional o que se exemplifica num livro publicado recentemente entre nós:

> "Conheci um empresário, já falecido, que tinha muito sucesso. Pelo seu trabalho, tinha de assinar cheques de muitos milhões, participar de almoços em bons restaurantes e ter um carro de qualidade. Aparentemente, uma pessoa dessa condição estaria impossibilitada de praticar a virtude da pobreza. Se um homem assim convidasse um cliente a almoçar num McDonald's, se o levasse de volta ao aeroporto num ônibus, se lhe pedisse emprestada a caneta para assinar o contrato, o mais provável é que esse cliente fugisse espavorido. Um empresário deve ter um bom carro e atender os clientes de outra cidade ou do estrangeiro em

determinados restaurantes. O nosso empresário não era uma exceção. Mas eis que esse homem queria viver o desprendimento. Que fazia?

"Uma série de coisas muito simples, que ninguém notava, mas que, se as olharmos com atenção, não são fáceis. No escritório, usava uma caneta fina e, em casa, uma esferográfica comum. Quando ia a um restaurante, nunca pedia o prato de que mais gostava. Quando tinha de escolher o carro que a empresa lhe compraria, optava por um nacional e que fosse de uma cor que não o entusiasmava muito. Todas estas coisas parecem simples, e há quem as considere ridículas. Mas quando uma pessoa tem a possibilidade de satisfazer todos os gostos, é preciso que seja muito heroico para não os satisfazer. Nem é preciso dizer que a sua sobriedade pessoal se traduzia também na justiça, respeito e generosidade com que tratava os seus empregados. Quando morreu, o presidente do sindicato de uma das suas empresas disse: «Se a maioria dos empresários fosse como ele, nunca teria havido comunismo».

"Penso que no Juízo Final haverá grandes surpresas nestas matérias, quando se vir como nos Bancos, na Bolsa, no mundo dos negócios ou da política, houve pessoas que cumpriram as exigências da pobreza com uma radicalidade tão grande como a de São Francisco, enquanto passavam desapercebidas como esse empresário[7].

Nunca me esqueço de um conselho que recebi quando jovem universitário, num retiro espiritual. Em conversa com o sacerdote que o dirigia, perguntei-lhe pelos modos de viver a pobreza, e ele deu-me uma sugestão entre outras: "Quando estrear uma roupa nova, uma camisa, um terno, use por dentro uma peça velha".

---

(7) Joaquín García-Huidobro, *Uma loucura razoável*, Quadrante, São Paulo, 2009, pp. 28-29.

Ninguém o veria, mas Cristo sim, e seria um detalhe que de algum modo me recordaria o dever de dar exemplo de austeridade aos meus colegas e de levá-los a perguntar-se: Como são os meus gastos? Realmente preciso de toda esta parafernália? Quanto dinheiro me custam as minhas diversões de fim de semana?

Transcendência no meio social

Dirigida a reorientar o desenvolvimento econômico das nações segundo os ditames da racionalidade e da fé, a recente encíclica *Caritas in veritate* desdobra um vasto leque de reflexões, das quais podemos referir algumas que se prendem com o nosso tema.

Em comentário à encíclica *Populorum progressio*, o Papa começa por afirmar:

> "Paulo VI quis dizer-nos, antes de mais nada, que o progresso é, na sua origem e na sua essência, uma vocação: «Nos desígnios de Deus, cada

homem é chamado a desenvolver-se porque toda a vida é uma vocação»". Ora, "dizer que *o desenvolvimento é vocação* equivale a reconhecer, por um lado, que o mesmo nasce de um apelo transcendente e, por outro, que é incapaz de atribuir a si mesmo o seu significado último"[8].

Daí que o Papa parta para a ideia de que o autêntico desenvolvimento do homem diz respeito unitariamente à totalidade da pessoa em *todas* as suas dimensões, norteadas necessariamente para o seu destino eterno:

"Sem a perspectiva de uma vida eterna, o progresso humano neste mundo fica privado de respiro. Fechado dentro da história, está sujeito ao risco de reduzir-se a simples incremento do ter; deste modo, a humanidade perde

---

(8) Bento XVI, Carta encíclica *Caritas in veritate*, 29.06.09, n. 16.

a coragem de permanecer disponível para os bens mais altos, para as grandes e altruístas iniciativas solicitadas pela caridade universal"[9].

O documento refere-se a seguir à ilusão de confiar nas instituições:

"Muitas vezes, ao longo da história, pensou-se que era suficiente a criação de instituições para garantir à humanidade a satisfação do direito ao desenvolvimento [...]. Na realidade, as instituições sozinhas não bastam, porque o desenvolvimento integral do homem é primariamente vocação"[10].

E alude ao grande perigo, já denunciado por Paulo VI, de "confiar todo o processo do desenvolvimento unicamente à técnica. A técnica, em si mesma,

---

(9) *Ibid.*, n. 11.
(10) *Ibid.*, n. 11.

é ambivalente"[11]. O cerne do verdadeiro progresso encontra-se na "visão transcendente da pessoa", que

> "tem necessidade de Deus: sem Ele, o desenvolvimento ou é negado ou acaba confiado unicamente às mãos do homem, que cai na presunção da autossalvação e acaba por fomentar um desenvolvimento desumanizado. Só o encontro com Deus permite deixar de «ver no outro sempre e apenas o outro», para reconhecer nele a imagem divina, chegando assim a descobrir verdadeiramente o outro e a maturar um amor que «se torna cuidado do outro e pelo outro»"[12].

O desenvolvimento à luz da fé, tendo por objetivo a totalidade da pessoa humana, leva assim à centralidade da caridade.

---

(11) *Ibid.*, n. 14.

(12) *Ibid.*, n. 11.

Diz o Papa:

"Paulo VI observava, na encíclica *Populorum progressio*, que as causas do subdesenvolvimento não são primariamente de ordem material, convidando-nos a procurá-las noutras dimensões do homem. Em primeiro lugar na vontade, que muitas vezes descuida os deveres da solidariedade. Em segundo, no pensamento, que nem sempre sabe orientar convenientemente o querer [...]. E não é tudo; o subdesenvolvimento tem uma causa ainda mais importante que o pensamento: é «a falta de fraternidade entre os homens e entre os povos» [...]. A sociedade cada vez mais globalizada torna-nos vizinhos, mas não nos faz irmãos. A razão, por si só, é capaz de ver a igualdade entre os homens e estabelecer uma convivência cívica entre eles, mas não consegue fundar a fraternidade. Esta tem origem numa vocação [numa chamada] transcendente de Deus Pai, que nos amou primeiro, ensinando-nos por meio do Filho o que é a caridade fraterna"[13].

O desenvolvimento autêntico tem, pois, de favorecer "todos os homens e o homem todo". E o Papa adverte:

"Queria recordar a todos, sobretudo aos governantes que estão empenhados em dar um perfil renovado aos sistemas econômicos e sociais do mundo, que *o primeiro capital a preservar e valorizar é o homem, a pessoa, na sua integridade*: «Com efeito, o homem é o protagonista, o centro e o fim de toda a vida econômico-social»"[14].

Compreende-se assim que o documento aborde como manifestação de verdadeiro desenvolvimento, entre outras, o respeito

---

(13) *Ibid.*, n. 19.
(14) *Ibid.*, n. 25. Cf. Concílio Vaticano II, Const. past. *Gaudium et spes*, 07.12.1965, n. 63.

pela vida, que há de traduzir-se em combater a pobreza que "provoca ainda altas taxas de mortalidade infantil", bem como em pôr termo a "práticas de controle demográfico por parte dos governos, que muitas vezes difundem a contracepção e chegam mesmo a impor o aborto"[15].

"*A abertura à vida está no centro do verdadeiro desenvolvimento*. Quando uma sociedade começa a negar e a suprimir a vida, acaba por deixar de encontrar as motivações e energias necessárias para trabalhar ao serviço do verdadeiro bem do homem"[16].

Essa visão redutiva da pessoa e do seu destino, muitas vezes exportada pelos países economicamente desenvolvidos ou emergentes para os países pobres, é "o dano que o «superdesenvolvimento»

---

(15) Bento XVI, Carta enc. *Caritas in veritate*, n. 27.
(16) *Ibid.*, n. 28.

acarreta ao desenvolvimento autêntico, quando é acompanhado pelo «subdenvolvimento moral»"[17].

Terá valido a pena lermos estas vastas considerações orientadoras de Bento XVI se nos tiverem ajudado a compreender o muito que está em jogo quando se fala da virtude da pobreza. Quem é que está melhor preparado para atender a esse apelo senão um coração desprendido do amor míope e furioso às riquezas? Que agente económico — seja um governante, um empresário, um administrador de capitais — pode manter-se sensível à ideia do desenvolvimento como *vocação*, se a sua única perspectiva é a "espiral do lucro"? O Papa recorda o que escrevia Paulo VI: "O que conta para nós é o homem, cada homem, cada grupo de homens, até se chegar à humanidade inteira"[18]. Nenhum homem obcecado por ter sempre

---

(17) *Ibid.*, n. 29.

(18) *Ibid.*, n. 18. Cf. Paulo VI, Carta enc. *Populorum progressio*, 26.03.1967, n. 14.

mais pode enxergar essa *centralidade da pessoa* que é o eixo da encíclica e que abre o coração à noção do bem comum e à do primado da caridade.

O Papa recorda esses dois princípios da atividade econômica. Por um lado, a atividade econômica há de ter como *finalidade* a *prossecução do bem comum*.

> "Com efeito, a economia e as finanças, enquanto instrumentos, podem ser mal utilizadas se quem as gere tiver apenas objetivos egoístas. [...] Não é o instrumento que deve ser posto em causa, mas o homem, a sua consciência moral e a sua responsabilidade pessoal e social"[19].

Por outro lado,

> "o grande desafio que temos diante de nós é mostrar que não só não

---

(19) Bento XVI, Carta enc. *Caritas in veritate*, n. 36.

podem ser transcurados ou atenuados os princípios tradicionais da ética social — como a transparência, a honestidade e a responsabilidade —, mas também que, nas relações comerciais, o *princípio de gratuidade* e a *lógica do dom* como expressão da fraternidade podem e devem *encontrar lugar dentro da atividade econômica normal*". "É preciso que, no mercado, se abra espaço para atividades econômicas realizadas por sujeitos que livremente escolhem configurar o seu agir segundo princípios diversos do puro lucro, sem por isso renunciar a produzir valor econômico. As numerosas expressões da economia que tiveram origem em iniciativas religiosas e laicas demonstram que isto é concretamente possível"[20].

Historicamente, assim foi.

---

(20) *Ibid.*, ns. 36 e 37.

"Exigiria volumes sem conta — escreve Thomas E. Woods Jr. — elaborar uma lista completa das obras de caridade católicas promovidas ao longo da história por pessoas, paróquias, dioceses, mosteiros, missionários, frades e freiras e organizações leigas. [...] Podemos ir mais longe e dizer que foi a Igreja Católica que *inventou a caridade tal como a conhecemos no Ocidente*. [...] O próprio Voltaire, talvez o mais prolífico propagandista anticatólico do século XVIII, se mostrou respeitosamente admirado com o heroico espírito de sacrifício que animou tantos dos filhos e filhas da Igreja. «Talvez não haja nada maior na terra — disse ele — que o sacrifício da juventude e da beleza com que belas jovens, muitas vezes nascidas em berço de ouro, se dedicam a trabalhar em hospitais pelo alívio da miséria humana, cuja vista causa tanta aversão à nossa sensibilidade». [...] A prática de oferecer dádivas destinadas aos pobres desenvolveu-se cedo na história da Igreja. Os fiéis colocavam as suas oferendas sobre o altar durante a missa e, em certos dias de penitência, doavam uma parcela dos frutos da terra nas coletas que tinham lugar antes da leitura da epístola. Também se faziam contribuições em dinheiro para os cofres da Igreja. [...] São Justino mártir relata que muitas pessoas que tinham amado as riquezas e as coisas materiais antes de se converterem, agora se sacrificavam de ânimo alegre pelos pobres"[21].

Esse é o espírito que anima hoje muitos corações de pobres, numa corrente que nasceu entre os primeiros cristãos e, a partir daí, se prolongou e se prolongará através dos séculos. Dizia o cardeal de São Paulo D. Agnelo Rossi que "as grandes

---

(21) Thomas E. Woods Jr., *Como a Igreja Católica construiu a civilização ocidental*, Quadrante, São Paulo, 2023, pp. 159-160 e 163.

obras de benemerência católica se têm feito com as promessas dos ricos e o dinheiro dos pobres". Felizmente, essa queixa não se aplica aos ricos com coração de pobres, que são muitos e podem ser muitos mais. Esses redimem uma sociedade materializada e perdulária, perdida e afogada entre luxos e caprichos.

A magnanimidade da pobreza

Uma alma verdadeiramente pobre — tenha muito ou pouco — é sempre magnânima. Vimos atrás que espírito de pobreza não é sovinice, e isso por uma razão muito simples: porque configura o coração humano à medida do coração de Cristo.

Que vemos no coração de Cristo? Uma generosidade sem limites, um amor incomensurável pelos pecadores que o fizeram vir à terra, uma compaixão infinita pelos sofredores da alma e do corpo e um desejo ardente de resgatá-los da sua situação de miséria.

A dor de ver que, como no caso do jovem rico, o apego aos bens e comodidades impedia os homens de segui-lo por um caminho de liberdade e de intimidade com Deus. *"Vai, vende tudo o que tens, dá-o aos pobres e terás um tesouro no céu; e depois vem e segue-me". Ouvindo isso, o jovem foi-se embora, porque possuía muitos bens* (Mt 19, 16-22).

A alegria de ver a conversão do rico Zaqueu materializada num desprendimento que lhe purificava a vida passada: *"Senhor, vou dar a metade dos meus bens aos pobres e, se tiver defraudado alguém, restituirei o quádruplo"* (Lc 19, 1-10).

E essa outra alegria — alegria e admiração do próprio Deus — perante o óbolo da viúva para os gastos do culto: *Levantando os olhos, viu Jesus os ricos que deitavam as suas ofertas no cofre do templo. Viu também uma viúva pobrezinha deitar duas pequeninas moedas, e disse: "Em verdade vos digo, essa pobre viúva pôs mais do que os outros. Pois todos aqueles lançaram nas ofertas de Deus o que lhes sobra; ela, porém, deu, da sua indigência, tudo o que lhe restava para o seu sustento"* (Lc 21, 1-4).

Os homens lembram-se de Deus para pedir-lhe e receber. Acontece, porém, que a forma que Deus tem de nos dar é pedir-nos... A quem mais Ele pede, mais dá. Ele não tem melhor forma de dar do que pedir. Porque, ao dar, o homem esvazia-se do que deu e assim pode preencher esse vazio com a posse de Deus em maravilhosa intimidade.

Bem o sabem os casais que não fazem muitas contas para, através deles, dar mais um filho a Deus, porque estão firmemente persuadidos de que Ele faz com que "cada novo filho traga consigo um pão debaixo do braço".

Sabe-o o empresário que nos seus operários vê outros Cristos, membros da família de Deus, e por isso ultrapassa a medida da justiça, vivendo-a e completando-a com a da caridade.

Sabem-no, numa palavra, os que no ideal da pobreza nunca viram um sinal negativo, mas um valor positivo, ativo e enriquecedor. Quem há que se entusiasme com um ideal feito de negações?

Esse espírito, na medida em que liberta e abre espaço para Deus, traduz-se em grandes obras de serviço, como acabamos de ver, mas também em pequenos gestos que dão sabor e alegram a vida diária.

Um dos aspectos simpáticos do espírito de pobreza é que admite admiráveis *exceções* — chamemo-lo assim — à austeridade nos gastos e nos costumes. Tem um sabor todo especial ver um pai dizer de vez em quando que sim a um filhinho que se encapricha com um brinquedo, ou uma mãe organizar uma comida de festa num dia sem festa alguma que celebrar, ou o marido cativar a esposa com uma pequena joia de que ela gostou ao passarem por uma vitrine, ou marido e mulher levarem os filhos em excursão a um lugar de montanha num feriado prolongado...

Certa vez, nos primeiros tempos do labor do Opus Dei, tempos de extrema penúria econômica, mons. Escrivá, numa reunião de família com os seus filhos após o almoço, perguntou ao encarregado das contas daquele centro universitário:

— Quanto dinheiro há em caixa?

— Só dá para os gastos de hoje e amanhã.

— Então, por que você não sai à rua e nos compra uns sorvetes?

A lógica sem lógica destes exemplos revela algo muito importante: que o espírito de pobreza não nos torna mesquinhos, mas dilata-nos coração. No livro antes citado, Dorothy Dohen tem esta página:

"O mais belo episódio da vida de Santa Catarina de Sena, penso eu, é aquele em que Cristo tomou para si o coração dela e lhe deu o seu. O ato de Ele tirar o coração da Santa representa o processo de desprendimento; o de lhe entregar o seu representa o resultado do desprendimento. Depois desse acontecimento, o amor de Santa Catarina aumentou sempre com crescente intensidade, atingiu a perfeição e tornou-a capaz de amar os homens — toda a espécie e classe de pessoas — com grande compaixão, cordialidade e fervor. [...] Há pessoas que se julgam desapegadas por estarem livres de afeições particulares e parecerem não amar ninguém. São aquelas pessoas de quem Péguy diz que «por não amarem ninguém, pensam que amam a Deus»"[22].

Trocar o nosso coração pelo de Cristo significa imitarmos o seu amor à pobreza e, precisamente por isso, sermos magnânimos, não só em casos de aflição dos outros, mas em pequenas situações e gestos que o amor descobre onde não havia nenhuma necessidade premente. A não ser a de espalhar felicidade. Uma alma de pobre é feliz e por isso é sensível à felicidade dos que tem à sua volta. Sabe ter gestos "excessivos"

---

(22) Dorothy Dohen, *Vocação de amor*, p. 48-49.

com eles, muitas vezes materiais, porque procedem de uma funda raiz espiritual: de um amor que não se "acostuma" aos que o rodeiam. Imita a pessoa de Cristo que, se disse que os servidores servem primeiro a refeição ao amo e só depois comem (cf. Lc 17, 7-10), é o mesmo que convidou os discípulos, após regressarem felizes, mas certamente cansados, da primeira missão apostólica: "Vinde para um lugar à parte e descansai" (cf. Mc 6, 31).

* * *

A nossa pobreza — pobreza de Cristo — é a austeridade para conosco e a caridade magnânima para com os outros.

E esse espírito, que "surpreende" tanto pelos detalhes caseiros como pelos grandes atos de desprendimento, é penhor das bênçãos de Deus:

"Quantos recursos santos não tem a pobreza! — Lembras-te? Tu lhe deste, em horas de apuro econômico para aquele seu empreendimento apostólico, até o último centavo de que dispunhas.

"— E ele, Sacerdote de Deus, te disse: "Eu te darei também tudo o que tenho". — Tu, de joelhos. — E... "a bênção de Deus Onipotente, Pai, Filho e Espírito Santo, desça sobre ti e permaneça para sempre", ouviu-se.

"— Ainda te dura a persuasão de que foste bem pago (*Caminho* n. 638)".

Direção geral
Renata Ferlin Sugai

Direção editorial
Hugo Langone

Produção editorial
Juliana Amato
Gabriela Haeitmann
Ronaldo Vasconcelos
Roberto Martins

Capa
Provazi Design

Diagramação
Sérgio Ramalho

ESTE LIVRO ACABOU DE SE IMPRIMIR
A 5 DE ABRIL DE 2024,
EM PAPEL OFFSET 75 g/m².